本书系国家社科基金项目
"《道教汉英词典》的编撰及其相关问题研究"
（项目编号：19BZJ043）的阶段性成果

儒家传统
与全球教育

Confucian Tradition
and
Global Education

〔美〕狄培理（William Theodore de Bary）著

张灿辉 关子尹
张丽娟 译

社会科学文献出版社
SOCIAL SCIENCES ACADEMIC PRESS (CHINA)

Confucian Tradition and Global Education

© 香港中文大学 2007

本书简体字版由香港中文大学出版社授权翻译及出版,本版限在中国内地发行。

献给唐君毅

士不可以不弘毅,任重而道远。仁以为己任,不亦重乎?死而后已,不亦远乎?

——《论语·泰伯》

译者序

狄培理（William Theodore de Bary，1919—2017，又译为狄百瑞），是中国儒家思想史研究的巨擘。1941年，狄培理毕业于哥伦比亚大学，并于1948年和1953年在该校分别取得硕士和博士学位，其后留校讲授中国思想史，并从事儒家思想研究。1960年至1966年狄培理任哥伦比亚大学东亚语言及文化学系主任，并担任东亚语言及区域中心的首位主任。1969年至1970年任亚洲研究协会主席。1969年至1971年担任哥伦比亚大学校务会议理事会首任主席。1971年至1978年出任哥伦比亚大学副校长。1978年至1986年，狄培理教授还是美国学术团体理事会主席。除了在教育行政上的贡献外，狄培理教授的学术成就也被广泛承认。1974年和1999年他先后当选为美国艺术与科学院院士和美国哲学学会院士。他还获得圣劳伦斯大学、芝加哥罗耀拉大学的荣誉博士学位。狄培理教授的研究兴趣是东亚的宗教和思想传统，尤其是中国、日本和韩国的儒学。狄培理教授一生撰写或编辑的专著达30部以上，更主持翻译了150多部东方经典著作，为美国的亚洲研究奠定了良好的基础。狄培理和其他学者主编的《中国传统资料选编》（*Sources of Chinese Tradition*）既翻译又解释中国传统经典和文献，将中国文明的基本图像呈现于英语世界的读者面前。此书增订版在1999年、2000年、2004年陆续出版，可见其影响之久远。他把新儒学研究引入美国，并将亚洲经典纳入美国高校的核心课程。

2005年，为纪念唐君毅先生，香港中文大学邀请狄培理教授赴港讲学。本书的前三篇文章即由狄培理教授在香港中文大学的讲座内容整理而成。第一篇《儒家教育与"民主的要旨"》提出以下几个观点：第一，对儒家教育的正确理解和实践可以对将来的民主体制有所贡献；第二，在现代世界里，儒家教育应该置于东亚的脉络下看待，而不应将之只视为中国的事物；第三，由于东亚现在是国际社会的一部分，与全球经济关系密切，儒家教育首先也要植根于地区传统，再与整个东亚联系起来，最后再调整以适用于全世界。第二篇《亚洲经典与全球教育》指出，对那些文化传统主要由儒家思想塑造的东亚国家来说，应适当推广经典阅读，让民众在一定程度上熟识弘扬本国人文主义精神的标志性经典，这能够对当今电子文化主导的教育起到重要的补充作用；对于西方国家来说，将亚洲经典纳入核心课程，是构建多元文化、提升文明对话的重要途径。第三篇《经典的翻译》承继上文，指出将阅读亚洲经典译本作为核心课程中通识教育的一部分，有助于实现全球化和推动"全球本土化"；该文还介绍了哥伦比亚大学翻译的一系列亚洲经典，指出翻译是与经典的对话，也是一种传承。

狄培理教授上述三篇文章的主题是"儒家人文精神与全球教育"，为呼应这一主题，本书也收录了张灿辉的《唐君毅及其"通识教育"思想》和关子尹的《英语在全球教育中的过度主导地位：全球化的本土应对》两篇文章。张灿辉教授对唐君毅先生有关大学的理念、人文教育和"通识教育"思想进行了论述。关子尹教授对英语在全球教育中的过度主导地位深表忧虑，认为大学教育应以母语为本，虽然英语是融入国际社会的必要纽带，但对待英语应采用优化外语的策略，而不是将其母语化。对此，应该采取既扎根本土文化又具有国际视野的语言政策。

本书较完整地呈现了狄培理对大学人文教育的关注，也展现了狄培理对未来全球文明发展的观点。他认为，当今世界是多元主义文化流行的时代，仅以西方文明引导全球文明的进程已经不再适用，只有多种文明的交流与对话，才是世界文明共同发展的正确方向；在高校设立核心课程，翻译、教学、阅读和研讨能够代表各种文明的经典作品，是推动文明交流与传承的重要途径。

张丽娟
2022 年 3 月

前　言

本书的主要内容是我于 2005 年 1 月应邀在香港中文大学为纪念唐君毅所做的演讲。唐君毅先生是新亚书院的主要创办人，同时也是二战后传承和发展中国哲学的重要人物。这些演讲的主题是"儒家人文精神与全球教育"，恰好与其他几篇近来在香港发表的文章不谋而合。一是我应邀向哥伦比亚大学香港校友和亚洲协会香港中心发表的演讲；二是香港中文大学哲学系两位教授的演讲，即张灿辉教授的《唐君毅及其"通识教育"思想》和关子尹教授的《英语在全球教育中的过度主导地位：全球化的本土应对》。这两篇文章所提基本问题与我演讲的主题息息相关，理应一并收录进本书。该专题论文集主要围绕全球环境下的中国教育的未来展开，对这一问题，唐君毅教授自己也倾注了大量的心血。现将这些文章汇编于此，献给我们这位受人尊敬的学者。

狄培理

自 序

新亚书院成立于1949年,在20世纪40年代末它还处在筹备阶段的时候,我就与唐君毅先生有了初步接触,那时我正在研究黄宗羲(1610—1695)。我对黄宗羲的研究始自《明夷待访录》(我将其翻译为 *Waiting for the Dawn* 并出版),主要集中在他的政治思想上。[①] 但是,随着我深入研读黄宗羲的其他重要著作,我逐渐认识到他对新儒家哲学发展的重要作用。直到20世纪40年代,他的思想在西方仍被贬得一文不值,被视作中国乃至整个东亚支持

---

① William Theodore de Bary, *Waiting for the Dawn*, New York: Columbia University Press, 1989.

专制政权的反动思想。

我从唐君毅教授的研究中获得的最大益处，来自他对新儒家人性哲学和道德心性的阐述，这也是黄宗羲早期对宋明理学论述的一个重点。因此，我邀请唐君毅先生参加我在哥伦比亚大学举办的新儒家研讨会，参加由美国学术团体理事会赞助、我主持的连续两届专门讨论宋明理学的会议。唐君毅先生的两篇文章发表在这些会议的论文集上，第二届会议的论文集《新儒学的展开》就是献给他的。通过这两本论文集，美国和欧洲的年轻学者得以接触到唐君毅先生的研究成果，进而以自己的方式继承和发扬唐君毅先生的研究。

在此，我也要表达对新亚书院的另一位学者钱穆的感激之情。钱穆先生对宋、明、清三代思想史的论述，极大地扩充了唐君毅的儒学研究，将人性哲学和道德心性确定为新儒家思想的核心。钱穆更多的是从历史语境中诠释中国的思想家，既强调他们的共性，又对他们之间的个性差异着以重墨，并尽量避免将某一思想家简单地归为理学家或心学家。在《心法》①中，我曾探讨过这个问题。1982年，我应邀在新亚书院作"钱宾四先生学术文化讲座"时，我选了"中国的自由传统"这个题目，因为这个题目可以囊括作为广义的自由主义者的唐君毅和钱穆在社会自由和文化自由领域所做的研究。也就是说，"自由主义"（liberalism）可以被理解为"自由教育"（liberal education）②、"自由技艺"（liberal arts）③或"自由学问"（liberal learning）。唐君毅和钱穆都可以称得上是这种模式下的自由主义者，但在今天的讲座中，我想援引他们所讲的广义（中国思想）传统，并强调儒家思想在当今世界的潜在政治作用。虽然新亚书院并不是为了推广某

---

① William Theodore de Bary, *The Message of the Mind in Neo-Confucianism*, New York: Columbia University Press, 1988.
② liberal education 有多种译法，包括完全教育、文科教育、人文教育、自由教育、自由民教育、自由人的教育、博雅教育、文科博雅教育、博放教育、文雅教育、宽宏教育、通才教育、通识教育、文育、文化艺术教育、文理综合教育、教养教育。在这个意义上，liberal education 就是指"一个人通过自由的教育成为绅士"。——译者注
③ 在西方，与 liberal arts 相对的概念还有工匠技艺（mechanical arts）、实用技艺（useful arts）、奴性技艺（servile arts）、粗鄙技艺（illiberal arts）等。——译者注

种政治意识形态或议程而成立的，但我认为，书院的创始人为之取名"新亚"，就隐含了一种想法，即儒家思想作为一种哲学，将影响整个亚洲而不仅仅是中国的现代化。他们在《为中国文化敬告世界人士宣言》（最初由唐君毅起草）中指出，在"东方"的共同价值中，儒家思想特别适于应对西方政治、社会和经济的挑战。因此，他们分别以自己的方式——唐君毅先生阐述道德之心和儒家精神的能动力量，而钱穆先生则更关注学术之心和儒家的知识性——为后来的"亚洲价值"的讨论做出了自己的贡献。此次为纪念唐君毅教授而选编本书，要感谢香港中文大学哲学系，特别是关子尹教授及其夫人的盛情邀约。

狄培理

目　录

儒家教育与"民主的要旨" ……〔美〕狄培理 / 1

亚洲经典与全球教育 ……………〔美〕狄培理 / 32

经典的翻译 …………………………〔美〕狄培理 / 68

唐君毅及其"通识教育"思想 ………张灿辉 / 92

英语在全球教育中的过度主导地位：全球化的

　本土应对 ………………………………关子尹 / 114

附录一　唐君毅生平年表 …………… 刘国英 / 153

附录二　哥伦比亚大学的中国人

　　　　………………………〔美〕狄培理 / 158

儒家教育与"民主的要旨"

〔美〕狄培理

在探讨儒学与教育的关系之前,我想先谈谈著名学者阿马蒂亚·森(Amartya Sen)最近提出的一些观点,他热衷于讨论关于亚洲价值的问题,是公认的研究该问题的东西方大师。

在美国艺术与科学院,阿马蒂亚·森作了一次题为《民主的要旨》("What's the Point of Democracy")的讲座。他在讲座中说,有些人认为在伊拉克等中东国家,人类遇到了"文明的冲突",这些地方频繁发生武力冲突,表明中东地区并"未准备好迎接民主"[①]。

---

① Amartya Sen, "What's the Point of Democracy," *Bulletin of the American Academy of Arts and Sciences*, Vol. 57, No. 3 (2004): 9–11.

他说,"部分人对民主是否在贫穷国家行得通的质疑是有据可依的",但他反对一种观点——独裁统治是贫穷国家发展经济的唯一途径,而发展经济是民主政治的必要前提。他认为,民主在亚洲,通盘来看,并未失败,而且民主与亚洲文化也不背道而驰。

《民主的要旨》就是他对"民主是西方价值的精髓"这一观点的回应。他认为,民主的本质,即"公共的理性",并不是西方独有的,在亚洲和大多数古代文明中也很常见。"公共的理性,在漫长的历史中以多种形式存在于世界各地,不同文化中均保留着这种传统。因此,很难把这看成是一种纯粹西方的思想。"[1]

为了证明这种观点,森举了以下几个例子:释迦牟尼去世后,佛教团对佛教教义的辩论;公元前3世纪阿育王统治下的孔雀王朝,佛教团的再次辩论;16世纪90年代莫卧儿(Mogul)帝国君主阿克巴(Akbar)发起的对宗教问题的辩论。森还引用了604年日本圣德太子(Prince Regent Shōtoku)所

---

[1] Amartya Sen, "What's the Point of Democracy," *Bulletin of the American Academy of Arts and Sciences*, Vol. 57, No. 3 (2004): 10.

制定的《宪法十七条》,称"该宪法与6个世纪之后的1215年签署的《自由大宪章》的精神高度吻合,宣扬'夫事不可独断,必与众宜论'"①。

阿马蒂亚·森列举的这些例子,也许足够证明他所说的亚洲文明与西方文明一样具有"民主的要旨"。而且,确实可以在大多数亚洲文明中找到"公共的理性"的因素。它们赓续至今,成为现代社会民主化所需的文化资源,使亚洲得以承认和接受了西方的价值观。从这一点来看,西方的民主价值观从某种程度上是与亚洲自身的文化传统相契合的,而非外来、带有敌意或具有冲击性的。

通过维新运动带领日本走进现代化的明治天皇,在1868年颁布了五条御誓文,其内容包括"广兴会议,万机决于公论"②等积极的方面,也证明了这种观点。毫无疑问,这与森教授提到的日本圣

---

① Amartya Sen, "What's the Point of Democracy," *Bulletin of the American Academy of Arts and Sciences*, Vol. 57, No. 3 (2004): 10.
② "The Charter Oath," in William Theodore de Bary, Carol Gluck, and Arthur E. Tiedemann (eds.), *Sources of Japanese Tradition*, Vol. 2, *1600 to 2000*, 2nd ed., New York: Columbia University Press, 2005, p. 671.

德太子的《宪法十七条》是相通的。

尽管圣德太子和明治天皇都明确谈到"公共事务",他们的政治观点也如出一辙,将他们做政治类比也并非牵强附会,但我们知道,在他们二者之间横亘的1200多年间,日本皇室和幕府之间的磋商程序并不具有现代意义上的"公共"的内涵。这就不得不让我们深思:这前后两次有关政治磋商的法条之间有多少实际的连续性?

而且,我们审视阿马蒂亚·森引用的其他例子,就会发现,这个问题越来越复杂。阿育王治下的辩论主要是界定道德和宗教问题。如何阻止辩论进入政治领域、破坏和平,换句话说,为了防止辩论成为公共问题,阿育王准备在必要时采取武力手段。[①] 阿克巴的宗教辩论会基本上也是如此,就是使宗教问题在政治上温和化并保持和平。这是公共的理性,但它只是一种传统的价值,而不是一种民主的价值。

1982年,我在新亚书院作"钱宾四先生学术文化讲座",在界定宋明理学的自由传统中哪些是支

---

① William Theodore de Bary, *Nobility and Civility*, Cambridge, Mass.: Harvard University Press, 2004, pp. 20-24.

持现代民主自由的文化资源的过程中,遇到了类似的问题,比如:(1)个人或自我的道德责任、社会参与和政治投入的概念;(2)学者间或在书院中的公开讨论和理性探讨的作用,此时的书院被视为教育人们进行自我修养和公共服务的场所;(3)地方性村规民约作为村民对开展合作活动可行性讨论的基础作用;(4)处于庙堂之上的学者给皇帝讲授与公共政策相关的经典著作的作用;等等。

这些活动都符合森教授所引用的自由主义哲学家约翰·罗尔斯(John Rawls)关于公共话语的定义,即"思想的公共框架","在合理的代理人之间提供了一份判断协议"。它涉及"个人的政治意愿超越其特定的自我利益的限度(顺便说一下,这是理学思想的一个关键点),并公开讨论和辩论"[1]。

但是,与此同时,森教授引用的一些针对"富有建设性和有效性的公共理性"的标准,引出了一些有关宋明理学的问题,而且这些问题与现代社会也有关系,例如,需要"提出有助于民众公平辨别

---

[1] Amartya Sen, "What's the Point of Democracy," *Bulletin of the American Academy of Arts and Sciences*, Vol. 57, No. 3 (2004): 9.

的社会诉求，如提供获取相关信息的渠道和倾听不同观点的机会"。这两点在当今社会依旧重要（最近美国颁布《信息自由法案》的例子可作为证明），就像在特定的社会、政治和经济环境下的中国宋明王朝一样。

当森教授谈到"公共的理性"以个人"意愿超越其特定的自我利益的限度"为特征时，就触及了儒家思想的一个核心概念。他的自我的概念不仅认识到追求自身利益甚至某些理想价值的外部限制，同时也认识到需要一个内在的、自我限制的过程，在这个过程中，对立或彼此有冲突的价值观保持平衡。这里"超越……自我利益的限度"实际上指的是，儒家追求自我利益只能通过"恕"来达到，或者说，通过平衡自己的利益与家庭、社区和国家中其他成员的合法需要来达到。

森教授谈及的"民主的要旨"，就是他所认为的核心且关键的价值。他并不是在探讨可能获得的自由的外部边界或者民主的无限多样性，而是探讨民主的核心和关键。森教授的这种观点类似于儒家思想所强调的适度原则或中庸概念，比如在共同性和多样性之间，在承认个人优点和维持人类平等之间持守中庸，等等。在儒家思想中，人们需要理解人类价值的内在界限，需要在价值相等或几乎相等的事物或目标之间进行自我限制和平衡。所以，《论语》的开篇就论述了个人保持道德关怀、好奇心和审美愉悦之间的平衡的必要性。从这个角度来看，儒家公共理性的要旨就是，一个人如何在自己的意图主张与实践行为的张力之间找到实现平衡的关键抓手。

当然，除了个人的自我限制之外，还有来自环境的约束，对这种限制的客观（智力）认知可能会因为任何道德或理性目的，而产生对我们行为的限制。其最主要的例子就是教育，教育的价值在所有形式、所有时期的儒家思想中都是不变的。教育对民主是至关重要的（森教授没有明确提及，但他在叙述共享信息途径时曾暗示过这一点），这是被广泛认同的。儒家认为"有教无类"，应该为社会所有阶层的人提供接受教育的机会，这是儒家贯穿始终的理念。但事实上，出于种种原因，他们无法实现普及教育的理想。原因包括：有限的资源和人们对资源的竞争；在农耕和乡村为主的社会中，许多人更重视实用的技能和劳动力，轻视对经济生产没有直接作用的技能和人；等等。在这种情况下，儒家的权衡表现为，在某种程度上把教育认定为有闲暇的精英的特权。这些精英作为有文化的少数人，承担起为社会中知识匮乏、生活困顿的多数人谋求福利和提供指导的责任。这成为民主是贵族的责任这一价值观的发端。

正如阿马蒂亚·森所设想的那样，在"民主价值"实现的这些限制中，有些是由对立的利益集团之间的争论和它们的意识形态造成的。这些限制有几种形式：促进自我发展的人文学习与通过科举考试获得任职资格所需的技能获得（主要是字面上）之间的教育竞争；明清时期，国家体制更强调中央对地方的控制和指导，在此背景下，村规民约为规范乡里生活凝结出的价值观发生了嬗变。村规民约的价值在东亚得到广泛传播，它们因地制宜，采取了符合特定民族传统的形式。森认为的在不同形式的"开放式公共讨论"中几乎普遍存在的"公共的理性"在中国、朝鲜和日本大为不同，因为村规民约的规则要与既有的社会政治结构相适应，或与大势趋同，比如日本明治时代晚期（1890—1911）方兴未艾的日本民族主义及帝国主义思想。当时一些看似简单的契约理论成为1890年著名的《教育敕语》的一部分。可像"孝于父母""友于兄弟""朋友相信""修学习业"① 等价值，在被打扮为道德养成工具、培养民族忠诚和崇拜天皇之时走了形，变了样，以至于日本基督徒内村鉴三（1861—1930）坚决拒绝遵守学校的规定向《教育敕语》和天皇像行礼。这种儒家文明（森教授所认为的民主价值）与超民族主义的意识形态和仪式之间的不协调太过明显了。

在其他场合，尤其是在《儒家的困境》（1991）

---

① 日本国会图书馆所藏文部省《汉英法德教育敕语译纂》（原文无标点）全文为："朕惟我皇祖皇宗，肇国宏远，树德深厚。我臣民，克忠克孝，亿兆一心，世济其美。此我国体之精华，而教育之渊源亦实存乎此。尔臣民，孝于父母，友于兄弟，夫妇相和，朋友相信，恭俭持己，博爱及众，修学习业，以启发智能，成就德器。进广公益，开世务，常重国宪，遵国法，一旦缓急，则义勇奉公，以扶翼天壤无穷之皇运。如是者，不独为朕忠良臣民，又足以显彰尔祖先之遗风矣。斯道也，实我皇祖皇宗之遗训，而子孙臣民之所当遵守，通诸古今而不谬，施诸中外而不悖。朕庶几与尔臣民，俱拳拳服膺，咸一其德。"——译者注

和《亚洲价值观与人权》（1998）中，我详细讨论了在中国出现"自由主义"或"民主"的实际困难。在现实世界里，这些"民主的要旨"失败了，或者只是实现了一星半点，但儒家思想幸存了下来，现在还被传统主义者和像森这样的自由主义者认为是一种力量。

尽管森本人并没有对他所援引的这些传统"民主"价值的历史性争论或冲突性质进行阐述，但它们以某种可识别的形式存在（即使因地因时而做出调整），证明了其作为历史文物的持久意义。即便"文物"把一个客观现实描述得过于具体和客观，连大多数人最易接受的无形的现实条件都满足不了，但以这种形式存在的民主，在森看来，对于我们理解"多元文化"中"传统"的意义也是很重要的。

我在《新儒学的展开》的前言中写道：

> 中国人认为"道"是一个生生不息的过程，是一种不断壮大的力量（a growing process and expanding force）。与此同时，中国人赞同孟

子的看法，认为"道"并非外在于"性"（their own nature），"道"若非"自得之"（find it within themselves），则此道非真。中国人的现代经历中不幸的一面，是其暂时失去了对自身传统的尊重，也否认了自己有化古纳新的权利（their right to assimilate new experience by a process of reintegration with the old）。之后，这种健全的天性（instinct）就一直遭受着挫辱。既视所有的价值观念为西方所独出，或认为其仅指向未来，而不认为它们也渊源于自己的过去，这就妨碍了中国人在近些年求"道"于己。……不过，我们可以断言，生生不已的过程（the process of growth）仅仅是隐而不彰，而非中绝不继，中国人民的新经历最终将在很大程度上是一种内在成长……①

在认识到儒学是一个不断变化的过程，而不是一个静态的现实（就好像它可以简单地用森所引用

---

① William Theodore de Bary (ed.), *The Unfolding of Neo-Confucianism*, New York: Columbia University Press, 1975, p. 32.

的《论语》或圣德太子的《宪法十七条》来表示）后，我们可以通过考虑它后来充满冲突的历史，来更好地评价今天那些自称代表儒学的人。

在这里，我要举两个最近的例子。现在中国孔子基金会把儒家思想作为非常儒雅的学术思想来推广。中国孔子基金会所倡导的儒家思想是温和的，就算不是具有完整政治意义的"公共讨论"，也可以算作学术层面上的"理性话语"的平台。中国孔子基金会很开明，1989年曾邀请我参加了北京的一次重要国际会议，我在会上作了《儒家讲学之传统》的发言。

毫无疑问，新加坡前总理李光耀（退休后任"内阁资政"）所倡导的儒家思想的当代版本（这也是我要举的第二个例子），更容易被中国政府和中国孔子基金会所接受。在中国，国家宏观调控与市场调节并重，经济焕发出勃勃生机；李光耀所倡导的新儒家思想成为受欢迎的模式。李光耀一直主张保守的儒家思想，承认儒家家庭伦理对社会规范的价值，以及从传统意义上理解的个人对领导的"忠诚"美德（而不是孟子那种对原则的坚定执着以及由此导致的坦率直言)。李光耀最近重申了他的方便权宜的简约版儒家思想,其包含的内容基本不会引来别人的微词。他认为,即便现代生活有了种种变化(比如男女日益平等),儒家思想需要调整和与时俱进,但我们仍然必须保持某些基本价值:

> 最重要的是体现君臣、父子①、夫妇、兄弟、朋友之间义务和权利的五伦。

> 他们不妨碍在全球化世界中获得成功所需的机会,但可能需要修改,比如女性与男性平等,在治理中,国王由代表人民的部长们取代。

> 但是,必须坚持基本的价值观:强调对子女的照顾和教育负责,教导子女孝顺,忠于家庭和朋友,勤俭节约,勤于学习,努力工作,成为学者,做一个君子。这些价值观保持了中华文明的连续性,并将她从被其他古老文明淹

---

① 事实上,孟子认为五伦中父子关系是第一位的,君臣关系则是第二位的。见《孟子·滕文公上》:"圣人有忧之,使契为司徒,教以人伦:父子有亲,君臣有义,夫妇有别,长幼有序,朋友有信。"参见朱熹《四书章句集注》,中华书局,1983,第259页。——译者注

没的命运中拯救出来。①

李光耀也意识到现代西方文化的强大影响力，这些影响往往会破坏传统的信条。在新加坡，他认为传统信条是影响社会结构和劳动力效率的关键因素。李光耀说，这在很大程度上与美国和东方社会中个人的地位不同有关。

> 美国和东方文化的一个根本区别在于个人在社会中的地位。在美国，个人利益优先，这使美国社会的竞争更加激烈，有更强的优势和更高的绩效。相比之下，在新加坡，社会利益优先于个人利益。尽管如此，新加坡必须在就业、商品和服务市场上具有竞争力。②

不过，李光耀相信儒家思想能够经受住当代的

---

① Lee Kuan Yew, "The Culture That Makes a Nation Competitive or Not," *Straits Times* (Singapore), April 22, 2004, p. 2.

② Lee Kuan Yew, "The Culture That Makes a Nation Competitive or Not," *Straits Times* (Singapore), April 22, 2004, p. 2.

挑战。它可不是古代文化的残余遗迹，而是历经千年风吹雨打，挺立至今的传统价值观。学习和教育始终是儒学的重中之重，使其可以适应新的需要。

> 中国文化将会在工业化和全球化中发展、进化和适应……经济是由新知识、科学技术上的新发现以及被企业家推向市场的创新所驱动的。
>
> 所以，尽管学者仍然是经济进步中最重要的因素，但只有在他不用研究名著、经典和诗歌，而是在开拓和发现新知识，积极投入到研发、管理和营销、银行和金融，以及需要掌握的无数新课题中去时才是。
>
> 那些聪明的学者也应成为发明家、风险投资家和企业家；他们必须将新产品推向市场，以丰富各地人们的生活。[①]

李光耀表示，在践行这个建议时，"学者"所

[①] Lee Kuan Yew, "The Culture That Makes a Nation Competitive or Not," *Straits Times* (Singapore), April 22, 2004, p.3.

面临的问题不会是过去任何文化对推动新知识和新技术的抵制。李光耀相信中国人和儒家已经遇到过这个挑战,历史证明,早在宋代,理学先驱、教育家胡瑗(993—1059)建立了一套学校课程,其中一半的课程对当时的新技术进行专门化学习——行政法、军事学、水文学(水利控制)和数学。著名的理学家程氏兄弟和朱熹非常推崇这个适用于宋代社会需求的举措。[1] 前有古人智慧借鉴,李光耀也就没什么需要传给东亚 20 世纪或 21 世纪接受教育的"学者"的新福音了。东亚其他地方的儒家文化继承人在过去一百多年里掌握海量的新技术,甚至在二战后,他们学习的力度更大。无论是在中国台湾、香港还是今天的大陆,学生们几乎已经全身心地沉浸在李光耀所推崇的高于一切的高科技研发或企业管理中。

东亚教育工作者和学生可能面临的真正问题

---

[1] William Theodore de Bary and Irene Bloom (eds.), *Sources of Chinese Tradition*, Vol.1, 2nd ed., New York: Columbia University Press, 1999, pp. 587 - 590;朱熹:《近思录》(*Reflections on Things at Hand*),陈荣捷译,New York: Columbia University Press, 1967, pp. 262-263。

是，大家遵循了李光耀的建议，不再费心去"研究名著、经典和诗歌"。严肃的学者和教师已经开始警惕对人文学习的忽视，熟悉儒家思想的人们意识到李光耀在这方面与儒家传统是截然不同的。

11世纪，胡瑗认识到儒家学者除了研究经典外，还需要在一些当时的技术领域中掌握专业能力。他在一种儒家之道的大背景下践行了这一想法，这种道包括三种主要成分：体、用、文。实质（"体"）由儒家经典中万古长青的人际关系道德价值构成；功能（"用"）代表了这些道德价值在不同时间和地点得到实际运用的社会实用形式；文字话语（"文"，字面意思是"写作"）代表了文明话语，通过这种话语，上述价值和它们的实践在文明世界中得到公开表达。12世纪伟大的哲学家朱熹虽引用胡瑗的学校作为所有人受教育的模式，但着重强调认真阅读经典——后来成为东亚地区前现代时期广泛使用的阅读方案，阿马蒂亚·森将其定义为：研究经典作为理性话语的练习。事实上，如果人们希望寻找一种"标准的儒家思想"作为回答阿马蒂亚·森和李光耀所提问题的参考点，那么，再也找不到比完备的经典阅读教育模式更好的了。

尽管在现代意义上，朱子哲学不是全球的，但它确实吸收了外来文化的影响，特别是从佛教带给它的严峻挑战中吸收了外来文化的影响，并且使东亚的教育整体上达到了一个新的水平。我认为，理学的教育经验，不仅过去在很多方面被蒙古族人、满族人、朝鲜人、日本人和越南人（即当时的东亚人）所借鉴，而且它对于解答今天阿马蒂亚·森和李光耀提出的问题的许多重要方面仍然相当有用。我来解释一下。

朱熹积极从事经典文本和新经典文本的编排，将它们作为核心课程的中心。但是这个核心化过程还涉及重新聚焦和简化。先有选择性地关注《四书》等关键经典，并暂缓学习其他大部头的经典。这样一来，传统主义者那种尽可能保留过去记录的保守本能，让位于系统性处理学习过程的教育需要，以及教学上学生对可接受内容和分阶段序列的需要。这是当时朱熹对古典主义的补救措施，而现在李光耀把这种古典主义贬为迂腐或好古。

朱熹的教育哲学是一种智力和道德学习，基本贯穿个人成材的始末,从摇篮(启蒙教育,小学)到大写的人,即真君子。上面我们提到李光耀承认儒家思想是传统文化值得保留的一部分,但他没有认识到它与积极学习经典文本的关系是多么不可分割。

正确理解这种关系,对于认识李光耀心中西方个人主义和社会需求优先于个人需求(李光耀认为后者是中国传统的特征)之间的尖锐关系是很重要的。他的这种想法是一种假设的两分法和似是而非的还原论。实际上,孔子和朱熹孜孜以求的都是自我与社会的平衡,因为他们所倡导的"为己之学"①,是基于家庭和社区之上的。关于经典的学习,这意味着首先自己直接阅读原文并理解其意义,然后与同事讨论或查阅传统评论。(这种"直接的、个人的"阅读可能会有理解上的困难,但这种方法有其教学合理性,同时可以将经典的解释推迟到后期阶段。)

作为一门课程,朱熹的课程主要集中在文本上,

---

① William Theodore de Bary, *Learning for One's Self*, New York: Columbia University Press, 1991.

最初只涉及关键价值问题,然后逐渐扩展到更大范围的文学、历史和哲学材料以及仪式和时事上,这样,他高度聚焦的课程起点(《四书》)① 就只是核心代表,而不是狭窄的学习领域。

第二阶段的学习是与其他人(同学、学者、评论家)进行探讨,这代表着理学教育的另一个重要特征,即"讨论学习"或"辩论学习"(讲学),这种辩论式学习和学术研究在整个东亚理学的地位举足轻重,可以称得上是阿马蒂亚·森所说的"民主"(或者是我所说的"自由主义")。

从这些历史发展中可以得出什么与东亚乃至整个世界的民主前景有关的教训或经验?以下是一些建议。

第一,儒家教育从一开始就是为那些可能成为社会领导的人量身打造的,专注于提升他们的自我修养。《论语》《孟子》《荀子》以及其他经典文本的大部分内容对现代社会的领导仍然是适用的。

---

① 朱熹:《学校贡举私议》,参见 William Theodore de Bary and Irene Bloom (eds.), *Sources of Chinese Tradition*, Vol.1, 2nd ed., New York: Columbia University Press, 1999, pp.739-741。

（最近艾伦·格林斯潘指出，建立对领导力的信任是市场经济中最重要的东西，他以自己的方式重申了孔子关于信任是社会最基本的要求的论点。）

第二，这种理想中的领导力最受人诟病之处，就是它的精英主义内核。我们不能否认，从历史上来说，一些儒者以其卓越的学识而被视为一个独立的社会和政治阶层。孟子指出这里的一个关键问题是，被赋予行使权力的人应该有学识，受过相关训练，能够克己，忠于职守，如果没有恰当的人来行使权力，不受控制的权力很容易被滥用。从这方面来看，孟子（以及荀子）所推崇的士大夫阶层，以其崇高的理想而卓然，甚至在某种程度上独一无二。这样的理想，同样也强调贵族的责任：以天下为己任。《论语》中曾子的话也表述相同的意思："士不可以不弘毅，任重而道远。仁以为己任，不亦重乎？死而后已，不亦远乎？"（《论语·泰伯》）这是20世纪胡适博士等人最爱引用的话语。难道它不再适用于任何民主国家的领导层了吗？

第三，儒生是否认为他们是一个独立的政治阶层，这是值得商榷的。《左传》描述了一个在社会各个层面人人参与的政治过程,① 而丞相李斯奏请秦始皇镇压儒生时指出,儒者在普通人中具有影响力,会成为政府的反对者。②

第四,儒家与民意的关联度在不同时代、不同社会层次上都不相同。一般认为,地方领导层会在基层了解民意,但政府管理有哪些情况是向上的垂直交流,以及这种民意在多大程度上影响了国家政策,这是行政机构的有效性问题,但这种民意上达的渠道通常是缺乏的。

第五,近代著名思想家梁启超、孙中山等认为,传统中国的公民权或民众参与治理是有缺陷的,因为人们终其一生大多是在自己的家庭和村庄中活动,与国家几乎没有有效的接触。这种观点可以从下面的事实中得到佐证。一些著名的理学家如朱熹

---

① 《左传》,参见 William Theodore de Bary and Irene Bloom (eds.), *Sources of Chinese Tradition*, Vol.1, 2nd ed., New York: Columbia University Press, 1999, pp.183-189。
② 李斯:《焚书奏疏》,参见 William Theodore de Bary and Irene Bloom (eds.), *Sources of Chinese Tradition*, Vol.1, 2nd ed., New York: Columbia University Press, 1999, pp.209-210。

和王阳明①（或者朝鲜的李滉和李珥②）对当地社区组织（乡约）抱有浓厚的兴趣，强调村民的自助和合作，却对实现村庄与国家之间上传下达的结构和过程几乎闭口不谈。

第六，在宋、元、明时期（11世纪至17世纪），是什么担负起地方组织与国家之间的桥梁作用？换句话说，是什么在广大的人民和相对稀疏的管理官员队伍之间起了沟通双边的作用？是地区的学习和讨论中心，是进行哲学讨论（讲学）或有时进行公共讨论（公论）的地方书院。同样的现象出现在李朝（朝鲜）书院的理学家中，以及情况略有不同的日本德川幕府时期的学校和私塾中，这表明在理学文化中，学校是进行公共讨论的天然场所。（正是因此，唐君毅才将 New Asia College 的中文名定为"新亚书院"。）

---

① William Theodore De Bary and Irene Bloom (eds.), *Sources of Chinese Tradition*, Vol. 1, 2nd ed., New York: Columbia University Press, 1999, pp. 751–853.
② "Community Compacts," in Yongho Ch'oe, Peter H. Lee, and William Theodore de Bary (eds.), *Sources of Korean Tradition*, Vol. 2, *From the Sixteenth to the Twentieth Centuries*, New York: Columbia University Press, 2000, pp. 144–149.

我认为，这些教育中心作为对公共事务进行学术讨论的场所，具有其独特的内在特征，而且在中国大地上分布甚广，这也就是为什么17世纪中国著名的改良主义思想家黄宗羲，在构想遏制专制权力的机制时，要把学校的这种独立功能制度化——将太学和郡县学指定为进行公议的官方中心。①

但是，李光耀的上述说法"传统价值观必须得到维护"是对谁讲的呢？毫无疑问，肯定会有有德行的人在家庭的范围内践行李光耀的观点，但除此之外，在更广大的世界中，哪个机构或组织能够在李光耀所说的充满"个人主义""激进""竞争"的经济浪潮，和随之伴生的技术、社会、文化的变化中，树立和维护"传统的价值"呢？

李光耀和阿马蒂亚·森都没有谈及教育过程中的"理性话语"或传统价值观可以通过何种实际手

---

① 黄宗羲：《明夷待访录》(*Waiting for the Dawn: A Plan for the Prince*)，参见 William Theodore de Bary and Richard Lufrano (eds.), *Sources of Chinese Tradition*, Vol. 2, 2nd ed., New York: Columbia University Press, 1999, pp. 14-17。

段,对全球化浪潮产生影响或改变。① 但有一点是肯定的,东亚的任何地方都不再有传统的教育体系来有意识地解决这一问题或试图指导这一过程。东亚各地的现代化进程,始于以技术专业化为基础的西式教育的革命性变革。我所知道的所有地方,都没有把学习儒家思想纳入一般性要求,没有任何重大的调整将中国古典文学研究作为核心课程的一部分。除了在高中课程中发现的一些节选外,经典只有专业领域的人才会去研读,而且也只是专业课程的一部分,并不是每个人普通教育的内容。换句话说,对经典的研究已经被贬低为后现代主义技术的一种形式,仍然不能与经济上更有用的其他技术竞争。

鉴于此,森教授和李光耀是无法如愿以偿了,上述的普遍事实表明,传统价值观恐怕无法为民主

---

① 关于在现代化和民主化的儒家课程中,如何把经典学习与技术学习结合起来的前现代的例子,请参见19世纪早期日本著名儒学家广瀬淡窗(Hirose Tanso, 1782—1856)的《广瀬淡窗的学校系统》("Hirose Tanso's School System"), in William Theodore de Bary, Carol Gluck, and Arthur E. Tiedemann (eds.), *Sources of Japanese Tradition*, Vol. 2, 1600 to 2000, 2nd ed., New York: Columbia University Press, 2005, pp. 287-293。

化做出巨大贡献,也不能为现代化做出巨大贡献。但这对现代世界来说不是一个新问题。在19世纪末20世纪初,美国大学课程的"现代化"也出现了类似的趋势。当时的语言要求被修改,拉丁语和古希腊语被现代语言所代替,这些举措对后世也产生了深远的影响:阅读经典作品的原文不再是必修课程的一部分,也不再成为欧美受过教育的绅士的经典教育基础。

哥伦比亚大学在20世纪初期对此作出的应对是设立人文课程,将翻译的经典作品("名著")作为所有学生必修核心课程的一部分进行阅读。最近印度和中国台湾的教育工作者都认识到他们的情况与美国较早时启动"名著计划"或核心课程运动的情况相似,纷纷对他们的"现代化"课程中缺乏经典学习作出了反应。然而,令人好奇的是,美国的这种新的人文教育与前现代东亚的古典教育之间也有相似之处,因此,全球范围内新的核心课程可以同时利用东方和西方的传统资源。

东亚传统的以研究和讨论经典作品为基础的人文

教育与美国核心课程的相似性也表明,① 阿马蒂亚·森和李光耀所提出的问题在全球化技术对人文教育的影响上有共同性,而人文教育被认为对民主国家的理性的公共话语至关重要。李光耀的提议是以牺牲"研究名著和经典"为代价来进行高科技培训,这与 2004 年安德鲁·所罗门(Andrew Solomon)在《纽约时报》专栏中提出的一个问题相吻合。所罗门为读书在当代文化中每况愈下的地位而惋惜,不忍看到人们头脑中思想的日益萎缩,他称之为"美国书籍的末路",这也是他专栏文章的标题。他说,阅读书籍"需要精力、专心、注意。作为交换,它提供了思想和情感的刺激和成果"。另外,他说:

> 电子媒体……往往是不稳定的。尽管有一

---

① 举个例子,在我自己的本科生、研究生、博士后和校友的学术讨论会中,"积极的阅读和讨论"与"理性的公共话语"是这样结合在一起的:我要求每个人都提前阅读文本,希望他们在上课前对文本有自己的理解,并提出自己的问题;这样,课堂讨论的议程反映了学生共同关注的问题;所有对理论、背景、潜台词等的考虑都只是与这些确定的问题相关,教师负责将其全部分类并在最后提出他自己的结论。从学生本身开始,这有点像禅师要求他的徒弟通过"提出自己的思想"来开始问答(访谈)。我们所做的其余部分符合公案的初始意义"公共事件",而不是个人难题或私人笑话。

些优秀的电视节目、精彩的网络著作和培养逻辑的视频游戏,但是电子媒体仍然会使人产生惰性接受。一个人选择频道后,看到的信息都是经过预处理的。看电视大多使人思想封闭,而不是开拓人们的视野。对有些人来说,看电视没有危险;但对于用电视取代阅读的人来说,后果是很严重的……

纳粹认为书籍是思想战争中最强大的武器之一,这一点是对的。无论好坏,美国现在正处于这样一场战争中。没有书籍,我们无法在反对专制主义和恐怖主义的战争中取得成功。从文明到虚拟生活的撤退是从已有民主的撤退,是从我们所说的我们希望与世界其他国家分享的原则的撤退。我们所阅读的东西,培养出我们的为人。如果你什么都不读,那么你的思想就会枯萎,你的理想就会失去活力,就会产生动摇。

因此,阅读危机是国家政治危机。[1]

---

[1] Andrew Solomon, "The Closing of the American Book," *New York Times*, July 10, 2004, p. A17. 艾德蒙森(Mark Edmundson)基本上也持类似的观点,参见 Mark Edmundson, "The Risk of Reading," *New York Times Magazine*, August 1, 2004, pp. 11-12。

所罗门认为，高科技文化对民主政治造成了破坏，但我可不是让李光耀承担所有责任。我们可以肯定的是，李光耀的现代化儒家思想与传统学习方式的一些基本价值是冲突的，而阿马蒂亚·森和所罗门一样，认为传统学习方式是全球民主的重要资源。

让我以自己的观点总结一下，教育应具备哪些因素，才能应对所罗门提出的挑战，满足阿马蒂亚·森的多元文化标准，并修正李光耀为服务全球高科技经济对儒学的简单削减。

教育应该怎么办这个问题，要先从东亚整体、再从阿马蒂亚·森所采取的全球视角来看。李光耀同时从现代新加坡和传统文化的角度看待问题，但传统文化在东亚文明中是以中国的经典传统为基础的。如果是这样的话，那么一个人对共享的"经典"传统的接触应该包括阅读和积极讨论经典，诸如朱熹课程中所包含的经典（即儒家经典的选读），再比如非儒家的经典如《老子》《庄子》《韩非子》，接着是一般历史和古典诗歌的读物，再辅以主要的佛教典籍如《莲华经》、《维摩诘经》和《坛经》，以及朱熹不可能知道的后世中国传统中的重要著作（包括朱熹本人、王阳明、黄宗羲的著作，以及《红楼梦》和《西游记》等经典小说）。

如果放眼整个东亚，我们就要考虑把韩国、日本和越南的传统经典作为这些民族各自课程的主要和基本内容，也应该考虑把它们纳入以中国为中心的东亚的课程范围内，以及试图适用于全球范围的西方课程范围内。

在我的第二篇关于"亚洲经典与全球教育"的讲座中，我将进一步详细介绍在现代人文课程中重塑中国（和亚洲）经典的内容和方法，使其几乎适合任何地方，又能打开全球视野。

我的这些论述试图提出四个基本观点。

第一，对儒家教育的正确理解和实践可以对将来的民主体制有所贡献。

第二，在现代世界里，儒家教育应该置于东亚的脉络下看待，而不应将之只视为中国的事物。新加坡跟中国香港及台湾一样，文化上是东亚和东南亚社群的成员。这对东南亚的政治社群也会有所启示。

第三，由于东亚现在是国际社会的一部分，与全球经济关系密切，儒家教育首先也要植根于地区传统，再与整个东亚联系起来，最后再调整以适用于全世界。

第四，按照这个步骤，我想，不论是阿马蒂亚·森所质疑的亚洲为文明、民主话语（"公共理性"）所做的贡献，还是李光耀仅仅片面承认和赞赏的中国传统的重要价值，都能得到公正的评价。它也表明，亚洲（唐君毅所说的"新亚"）能对安德鲁·所罗门提出的思想战争有所贡献，正如所罗门所说："没有书籍，我们无法在反对专制主义和恐怖主义的战争中取得成功。"如果"我们所阅读的东西，培养出我们的为人"，而且这种经典著作的再阅读是文明话语（阿马蒂亚·森）的一部分，那么亚洲经典就不会被抛弃（李光耀），而应成为"我们"一起阅读的部分，这意味着亚洲人和西方人都参与了这场战争。

亚洲经典与全球教育

〔美〕狄培理

在我的公开演讲《儒家教育与"民主的要旨"》中,我的看法与新加坡前总理李光耀不同,我认为,对那些文化传统主要由儒家思想塑造的东亚国家来说,适当推广经典阅读,让民众在一定程度上熟识弘扬本国人文主义精神的标志性经典,能够对当今电子文化主导的教育起到重要的补充作用。阿马蒂亚·森认为,亚洲传统有助于孕育他称之为"民主的要旨"的公共理性或公共话语,对此,我更强调成熟的亚洲传统经典应该成为该国文化和公共话语的一部分,而不仅仅是一些古代文献。

今天,我想就当代教育中的某些具体问题进一步阐述观点。我们各国教育环境的共同点是:(1)在现代技术的极端竞争压力下,要维持任何形式的人文学习都是一项挑战;(2)大多数教育系统都需要重新融入他们自己的地方传统,而这些传统在很大程度上已被切断;(3)我们需要,也必须克服艰难困苦,尤其是在初期,以继续我们在包容其他传统上的努力,逐渐实现全球共识,让它成为世界上每一个受过教育的公民都应该知道的标准,以促进各国人民之间有意义的对话。

当然,从理论上来说,人们想要学习的东西是无限的,但漫无目的地在知识的海洋里遨游是不可取的,所以,从一些基本的指导原则开始,至少朝着正确的方向学习是至关重要的。因此,我提出了一些标准,用来选择和判断合适的经典文本,在阅读这些文本时,可以用有利于所有人接受人文教育的方式开展阅读(这与专业人士对技术的掌握是不同的)。

项目的发起者们先后在哥伦比亚大学、芝加哥大学创立了最初的名著或人文课程,他们最初的想法是,名著或经典是历代伟人之间的"伟大对话"的产物,而且是一种持续不断的对话,对话的内容构筑起了过去宏伟的理论殿堂或在不断丰富中的思想里程碑。这一理念对西方文化和东方文化都是适用的，它完全没有试图把东方视为"非西方"，没有想当然地认为西方方式优于他者或欧洲经典至高无上。相反，项目发起者认为，在人类长久的关切和问题上，东西方的话语是对应共存的，都是世界主要文明和伟大传统中深刻、复杂和经久不衰的存在。我们应该通过翻译尽可能地去了解这些思想。

这种话语平行存在论很容易从亚洲作品本身中找到证实，但所谓的"亚洲传统"（泛亚意义上的亚洲传统）是不存在的。在确定一年的课程时，我们必须做出一些判断，以选择重点学习的主要传统或文明。我们的课程，选择的是伊斯兰文明、印度文明（包括佛教和印度教传统）、中华文明和日本文明（后来又增加了朝鲜文明）的经典。不过，我们做出这些选择是因为我们对任何传统或经典的性质都有一个最基本的前提假设，即经典是自我定义和自我确认的。所以，我们不是要找到与西方经典模式相对应的作品，而是要寻找亚洲人自己早已认可的经典，即那些有着持久魅力、经受了重重挑战、能赢得特别尊重的经典。

在每一个主要传统中,这种思想对话都是在不断的、反复的横向参照和纵向参照的过程中进行的,这种对话在每一个传统的内部进行,基本上没有外部的参与。不过,至少从17世纪开始,西方的作家们,无论伟大与否,已经明确了什么是伊斯兰文明、印度文明、中华文明和日本文明中重要作家所推崇的。在伊斯兰文明中,安萨里(al-Ghazali)和伊本·赫勒敦(Ibn Khaldun)以《古兰经》为基础,来评论伟大的苏菲派。欧洲作家从中世纪开始,就和中东作家一样认识到安萨里和伊本·赫勒敦的地位。印度也有类似的情况,《奥义书》(*Upanishads*)和《罗摩衍那》(*Ramayana*)继承了早期吠陀(Vedas)的思想,《薄伽梵歌》(*Gita*)继承了《奥义书》的思想,商羯罗(Shankara)则继承了《奥义书》和《罗摩衍那》。中国也是如此,孟子继承孔子,荀子注释孔、孟,老庄与儒家争鸣,等等。几乎所有亚洲文明的伟大经典都确立了各自传统中的核心人物,产生了各自思想体系中的主要成员(即使他们之间也可能是竞争对手)。

然而，至关重要的是，要有足够多的经典原文以飨读者，这样读者才能意识到这种内部思想对话的存在，从而对其进行有意义的评价。读者（讨论者）想要认识并判断一个思想家对另一个思想家的评判是否合理，需要对原著有一定的了解。

哥伦比亚大学课程包含了亚洲人文和亚洲文明的平行课程，亚洲文明课程更注重历史性、发展性和社会性，同时还有亚洲音乐和艺术课程，整个课程体系并不像我们所讨论的那样以文献为中心。但正是这种对经典作品的讨论，人们才最容易观察到内在的继承和发展，这种内在的传承应该被纳入更大的论述中。

这种考虑是非常重要的，因为对于任何一种多元文化教育来说，在世界文明、世界历史或世界文学课程中，仅讲授一两种经典作品，要比什么都不讲破坏性更大。这种装点门面的花架子是要不得的，即使这样的课程一视同仁地对所有的文学艺术作品进行了大量的展示，充其量也是摊子铺得更大、更具危害性的"形象工程"。如果一个人的最初课程框架是一门以完善的西方模式设立的文化或人文课程，那么只增加一两部伊斯兰教、印度或中国的著作，无论其用意多么纯正，仍然会有偏见。因为在这种情况下，对于离开自身语境的单部亚洲作品，西方读者不可避免地会以西方的参照系来解读。即使教师试图通过讲授更广泛更多样的相关文化知识来弥补这一点，也于事无补，因为这些信息对于学生来说，是从老师的讲授中得来的二手信息，而非通过自己阅读亚洲作者的原著获得的。

对于这种多元文化课程，没有人能规定其中应包括的经典著作的确切数量或最低限度。不过，出于经验，我们可以说，对于你想入门的任何特定话语圈，五六部经典著作是建立起这一话语的语境所必需的最低限度，而且这五六部经典著作要精挑细选，能够互为补充。这些著作不仅要代表相关传统的思想种类，还要表明这一传统是如何从内部成长和发展的。除非这些经典充分展现了该话语的长期积累性质，比如它的连续性、不连续性和超级综合性，否则读者就会倾向于把一部部经典看作文化的静态本质的表现，而不是其思想发展史上的一座座里程碑。

今天，为人类共同性和文化多样性服务的多元文化教育，其内容和方法在不同的教育情境下可能会有所不同，但其核心课程应把继承（包括同情和批判）其社会的主要文化传统作为首要任务，接着再对世界上其他主要文化进行类似的处理。此外，在时间和资源允许的情况下，还可以考虑其他文化，它们出于历史和地理的原因，在世界历史上没有发挥过主导作用。（在东亚，朝鲜就属于这种类型的文化。）

这种教育模式或方法至少还要遵循两个一般原则。其一，如果有可能的话，除了自己的文化外，最好再用这一学习过程学习一种以上的其他文化，这样就能形成一定的三角关系。这种多元文化视角要比简单的"我们—他们""自己—他者""东方—西方"的比较更重要。因此，哥伦比亚大学的"亚洲人文"课程囊括了几种主要的亚洲文明的经典读物，使学生可以开展意义非凡的（他者—他者）跨文化比较，而非局限在自己的文化和其他任何一种文化之中。

如果说上述原则是为了强调多样性，那么第二个原则聚焦在确定核心关切（如"文明""人道""共同利益"或"共同性""个人和群体"等）上，要把它们作为基本范畴或核心概念来对待。这一点既适用于自己的文化也适用于其他文化。在阅读经典著作的过程中，从源头读物或经典原文开始，一个主要的原因是要进行归纳性阅读。也就是说，在阅读这些经典时，我们要思考，每一部经典探讨的主要问题是什么，这种话语的定性概念和价值是什么，它们用什么关键术语表达了它们的终极关怀？这些问题可能是开放性的，但就目前而言，在学习过程的这一阶段，为了跨文化讨论的目的，我们应该寻找重点、汇合点、共同点。① 为什么呢？因为就教育的一致性而言，我们最好是从一个中心点出发，逐步向着人类可能性的外延迈进，即便这个中心点还在摸索与建设中。而且，为了建立起开展文明对话的基础，需要达成共识，即最初以各自传统为基础，然后接触越来越多的多元文化。

在我看来，刚才提出的优先重点和顺序几乎适

---

① 请参见 *Guide to the Asian Classics* 3rd ed. (New York: Columbia University Press, 1989) 中对每一部主要作品所提出的讨论主题。

用于任何文化。如果人们认识到其他民族会设定自己的优先重点，那么每个教育项目自然都会先回顾自己的经典，然后再去吸收其他民族的经典。事实上，人们会理所当然地承认这种可能性，比如说中国的学校里，会先学习中国文明，然后学习欧洲文明；在印度，印度文明会比欧洲文明优先学习；等等。如果每个人和每个民族都想要自尊和来自他人起码的尊重，那么，每个人和每个民族都必须要有一个正确的自我认识——面对自己的过去。这不仅对其自身的文化健康至关重要，而且对其与他人的健康关系也至关重要。

这种做法取得成功的关键在于，如何准确地把脉人类的核心问题，以及如何针对这些问题，在各自传统的永恒经典中选择能够启发人类的著作。这需要世界各个传统之间不断地反思、重新审视和交流。但是，随着每个文明传统都参与到多元文化的讨论中来，我们希望可以逐步突破文明对话的界限，扩大共同文明价值观的范围，这将是解决环境、人权和世界和平等全球共同关切的关键。

哥伦比亚大学的核心课程在1988/1989年进行

了最后一次大审视。那时,"通识教育"一词已经开始使用,它并非原产自哥伦比亚大学,而是与20世纪30年代和40年代莫蒂默·阿德勒(Mortimer Adler)和理查德·麦基翁(Richard McKeon)等哥大人将"名著"课程推广到芝加哥大学有关。"名著"课程又在40年代被哈佛大学借用,再后来,"通识教育"成为1945年哈佛红皮书中规定的课程体系的表述。

到了20世纪60年代,"通识教育"已经在媒体上获得了足够多的关注,因此,丹尼尔·贝尔(Daniel Bell)在考察1966/1967年的该课程体系时,将"通识教育"一词用在其著作《通识教育的改革》的书名中。在这之前,该课程被简单地称为"哥伦比亚学院课程"(Columbia College Program)或"当代文明与人文学科",但1988/1989年院长罗伯特·波拉克(Robert Pollack)任命的委员会(由我担任主席)重新审视了这个问题,认为将它命名为"核心课程"比"通识教育"更恰当。因为"通识"(general)一词的模糊性和不确定性容易产生发散和离心的倾向,这种倾向难以产生综合的、共同的学习经验。相反，它会使课程变为一盘散沙，而这种现象已经成了哈佛大学通识教育计划的特点，因为亨利·罗索夫斯基（Henry Rosovsky）院长在这方面有所弛废。我们想强调，哥伦比亚大学的核心课程侧重于人类生活和人类文明的核心关切，这与哈佛大学强调学习过程中要运用不同学科方法形成了鲜明的对比。哈佛大学不着眼于人类经验的共性，而是强调知识的多样性，但这就好像是一锅知识的大杂烩，没有主次之分。

另外，常常有人批评哥伦比亚大学这种一元化的方式，说它专制，武断地给予一些固定的教科书以特权，而且这些教科书是以欧洲为中心的（俗话说，这些教科书大多是由"已逝的白人作家"编写的）。我认为，这些批评来自对哥伦比亚大学核心课程的基本性质和持续实践的误解。

如果说"核心课程"被认为以欧洲为中心，那是因为它从一开始就进行了自我批判——西方重新评估自己在更广阔世界中的地位，直面教育和公民社会的作用这些大问题，即它们能否应对不断变化的世界所带来的挑战，能否解决全球文明面临的前所未有的巨大问题。

对这一挑战的第一个回应是第一次世界大战结束时的"战争与和平问题"课程,该课程认为,在这场美其名曰为拯救民主的战争结束后,文明所遭受的战争后遗症需要被疗愈。"战争与和平问题"课程很快升级成了"当代文明"课程,因为我们认识到,对那些低估了一战后世界面临的问题的深度和复杂性的人来说,当代的问题与他们乐观、单纯的假设相去甚远。对这些假设进行更深层次的历史性和哲学性审查,是"当代文明"课程所承担的任务。

在20世纪30年代和40年代,曾领导设立"当代文明"课程和人文学科课程的人主张通过增加亚洲人文和文明以及亚洲艺术和音乐人文的平行课程来平衡欧洲中心主义倾向。这在20世纪40年代末和50年代就已经完成了,此后,为核心课程设计的亚洲课程一直延续至今。因此,核心课程作为一种教育课程,原则上并不以欧洲为中心。我们有为核心课程设计的亚洲课程,选修这些课程的学生会有类似于"当代文明"课程和人文学科课程的学习经历。

幸运的是，由于东亚人、南亚人和中东人这些亚裔人士已经成为西方重要的少数族裔，我们的工作有了一个基础。他们的传统以经典文本以及经典的艺术和音乐作品为代表，所以他们所受的通识教育与"当代文明"课程和人文学科课程中的别无二致。

核心课程本应以人类历史和思想的伟大里程碑为中心，但近来受到的最大挑战来自那些认为核心课程应该侧重理论——尤其是不同的认识论和诠释学理论——的人。但是，正如德国特里尔大学的学者卡尔-海因茨·波尔（Karl-Heinz Pohl）最近指出的那样：

> 在最近的文化战争中提出的大多数理论是时尚和潮流的问题，是风格（a la mode）变动的问题……它们的普遍应用……应该受到质疑，因为它们都是现代西方人创造的。……因此，如果一个人专注于西方最新的主题，那么，中国和其他亚洲国家将永远落在后面，只能试图追赶昨天的热门主题，而不是今天的热门主

题;……那些现在看来是"高级文化"(haute culture)的东西,最后却变成了"高级服装"(haute couture),这是一个风格变动的问题。①

无论你怎么称呼这些作品——经典、名著或重要文献——它们都是经受住了时间考验的作品,而大多数理论没有经受住时间的考验。经典经受住了一代又一代人的挑战,经受住了反复的争论。它们在持续的对话中交流切磋,这是历史长河中伟大思想家和杰出作者的惺惺相惜和跨越时空的对话。

这些作品历久弥新,在人类历史上举足轻重,宛如一颗颗璀璨的明珠。可以说,每个"教过"它们的人都知道,其实是作品自己在言传身教。它们要比我们献给它们的所有溢美之词都要伟大,这就是为什么老师们常说"书不言而其义自现",它们就是这么伟大。

但是,如果没有师资力量来设置课程并使之持

---

① Karl-Heinz Pohl, "Reflections on Avant-Garde Theory in Chinese-Western Cross Cultural Context," *Newsletter for the Study of East Asian Civilization*, No. 3 (April 2004): 2-3.

续下去，书本是无法做到"其义自现"的，那些承担教育责任的大学机构应该旨在培养全面发展的人，但学术组织有时只为确定的课程负责。

让我举一个传统的仪式来说明这一点，每年哥伦比亚大学毕业典礼上都会有这个仪式——新的医学博士进行希波克拉底宣誓。这个仪式每年都会在大多数院长介绍完他们学院的毕业生后举行。其他学院的院长对学生的祝贺越来越像喧闹的马戏表演，每一位院长都试图在喧闹的拉拉队欢呼声中超越其他院长。这在体育赛事中常见，不过很可惜，在哥伦比亚大学的运动场上很少有这样的欢呼。在医学院院长介绍完他的毕业生后，会向他们宣读希波克拉底誓言。这时，所有的喧嚣都会在顷刻间结束。反观其他学院，院长为毕业生欢呼，毕业生们以喧闹回应，商科毕业生挥舞着他们的美元钞票，新闻传媒毕业生挥舞着他们的报纸，但当医学院院长要求即将成为医生的毕业生庄严宣誓时，全场鸦雀无声，因为誓言要求他们只为病人的利益而行医，对所见所闻严格保密，他们毕生所学只为病人谋幸福。

每个人都明白，这是严肃的事情。如果细想一下，我们就会意识到，任何从业人员都应该心怀希波克拉底誓言所揭示的敬业精神和人文关怀，即使是自然科学家也应如此，因为他们是最注重万事万物的物理或物质方面的人。

现在，如果我们对这个问题进行第二次或第三次思考，我们可能会想到，这个古老的仪式从远古流传至今，就像我们在核心课程中阅读和思考的经典文本一样，历久弥新。就像古希腊和拉丁文经典一样，希波克拉底誓言也来自一个"已逝的白人作家"。那些宣扬似是而非的多元文化主义来诋毁所谓西方经典的人或许也可以轻易地否定它。但事实上，据我所知，没有哪一个亚洲传统不同意希波克拉底誓言的价值观。

就像一些人质疑《伊利亚特》和《奥德赛》是荷马所写的一样，解构主义者对希波克拉底誓言是希波克拉底首创的也充满了怀疑。后现代主义者可以将这一点问题化和语境化，用他们喜欢的行话将其化为毫无意义的问题。但是，即使是吹捧故弄玄虚、夸大其词的理论的人，在面对如此朴素直白的真理时，也会保持沉默。每个人都会被誓言所传达的单纯的人类真理直击心灵、深深感动。突然间，所有在场的人都记住了毕业典礼的意义，那就是，它重申了国王学院①成立之初对学习和公共服务的承诺。这永恒真理，与我们息息相关，而非诠释学或认识论的玄妙问题，它们在问我们每个人是否准备好，在我们自己的时代里，依靠这些真理而活，并赋予它们新的意义。根据我自己在哥伦比亚大学当了55年教师的经验，我可以说，《论语》和《孟子》对我的学生的教导，就像希波克拉底誓言对医学生的教导一样，亲切有效。

在核心课程中把东方和西方联结起来

学生在学习了西方或亚洲的人文和文明入门课程之后，我们应着手举办讲习班和座谈会，这是在共同性和多样性问题上将东西方汇集在一起的最后阶段。在座谈会上，可以就联结东西方的关键问题，将若干传统的成果汇集在一起。

这个项目的意义在于，它可以为综合性的本科

---

① 国王学院是哥伦比亚大学的前身，于1754年成立。——译者注

教育提供一个模式,在承认文化差异的同时,关注人类共同的价值观和问题。如果本科教育不提倡这种共同的价值观,那么它就将屈从于政治对课程的要求,仅将多样性作为基础,而这种多元文化主义只有少数群体的代表,很少关注知识上的共性或人类和群体的共同价值观,很可能导致课程巴尔干化,助长激进极端主义。这种极端主义鼓动分裂,并不会积极主动地为共同目标服务。如果不朝着这种共同目标前进,那么越来越多的年轻人就将被鼓吹简单化和分离主义的原教旨主义吸引。这种意识形态限制了人们的视野,在一部分人对自己以及自己在更大世界中的地位还缺乏认识时,就给他们烙上了一种似是而非的"身份"。

现在,核心课程有了长足的发展,在高级课程中,它可以帮助学生解决政治学家艾拉·卡兹内尔森(Ira Katznelson)提出的有关自由主义的未来的问题。艾拉·卡兹内尔森在《美国文理学会会刊》(*Daedalus*)发表的一篇文章总结道:

> 自由主义及其所依附的启蒙运动推动了理

性行动者和理性行动的哲学人类学进步,并认定人类行动者发展了深思熟虑、选择和实现合理目标的能力。在培养这种理性公民的努力中,过去的自由主义政权常常强加各种各样的限制,依人们的宗教、种族、性别、文化、罪过或殖民地位等划定界限,阻碍人们的能力发展。但是,经过几个世纪的关于自由的几个方面的斗争,今天开明的政治自由主义承认不应该有合法阻碍理性的障碍,因此,自由容纳度和自由公民权也不应有合法的归属障碍。

可如此却导致了一个复杂难解的悖论。全球推广开明的政治自由主义,本意是为保护地域认同和历史特殊性(即人类的多元性),可事实上,此举对构成其最重要的理性基础不但毫无裨益,甚至起了妨碍作用。

那么,自由主义目前最基本的难题就是:如何扩大其禀赋,以保护和滋养异质性,同时应对其危险。[1]

---

[1] Ira Katznelson, "Evil and Politics," *Daedalus*, Vol. 13, No. 1 (2002): 9–10.

卡兹内尔森所说的挑战既是对自由民主政治的挑战，也是对一般的人文学习的挑战。为了应对这两大挑战，我们必须把全球性的人文教育视为首要任务。事实上，哥伦比亚大学人文教育课程的创始人之一马克·范多伦（Mark Van Doren）在二战初期的《人文教育》（*Liberal Education*）一书中就预见了这一点。他认为这样的教育必须包括东方和西方的思想：

> 想象力总是有用武之地，无论是在单一的思想中还是在一般的意志中……。比如说，没有想象力，西方就无法描绘东方，而战争和命运正迅速将东方作为必要的知识对象。没有想象力，对东方的统计数据和调查结果，不会产生图像效果：既是呈现差异性的图像，这样人们就不会因他人的陌生感而犯下严重的罪行；又是呈现相似性的图像，甚至是完全同质的图像，这样人们就不会忘记他们是同气连枝的。[1]

---

[1] Mark Van Doren, *Liberal Education*, New York: Holt, 1943, p. 127, 参见 William Theodore de Bary and Irene Bloom (eds.), *Approaches to the Asian Classics*, New York: Columbia University Press, 1990, p. 20.

范多伦的观点要比我们这个时代更乐观,可能不像卡兹内尔森的文章有那么多的危机感,但它也在思考我们所面临的挑战,即自相矛盾的"人类的陌生感"(卡兹内尔森所要滋养的异质性),或被遗忘的"归属感"(homely)——我们很难与他人最私密和最强烈的信仰(卡兹内尔森的"地域认同")相契合,甚至不愿为之在心中留下一处空地。然而,为了实现范多伦的这一早期愿景,也为了培养年轻人应对卡兹内尔森提出的当代问题,我们提出了"当代文明"课程的多元文化序列,使学生的人文教育在高年级从基础走向成熟。

"高尚与文明"主题研讨会

为此,哥伦比亚大学正在举办一系列研讨会,目的是在介绍西方和亚洲文明的核心课(核心课程和人文学科课程)的基础上,将东西方经典共同纳入高级学术研习营或顶级课程。这一系列研讨会以教育目的为主,即在继续学习的过程中,开阔受教育者的视野,增加其理解自己国家和其他国家问题的角度。但这种持续的人文学习完全可以作为大学阶段专业学习的补充,用来丰富高年级的研讨活动。

因为这些研讨活动是在既定的、有顺序的核心课程的背景下进行的,所以面临着严峻的时间限制,既要考虑到课程要求对学生的时间限制,也要考虑到教员对任何新的研讨活动所能投入的时间上限,因为他们还要承担通识教育课程的繁重任务。因此,要实现广泛的多元文化视角(涵盖几个主要的文化传统),就需要对与所选主题相关的主要文本进行认真的挑选和深入的研究。如果忽略了一些相关的文本,或者是没有深入到所选的文本中去,就有可能被指责浅尝辄止。然而,这种困境在人文教育中司空见惯,人文教育对培养通才来说是一种微妙的平衡,也总是会受到纯粹主义者和专家的诟病。

然而,在推进目前一系列研讨会和座谈会的三个阶段中,我们已经认识到,必须分阶段地学习主要的传统——不是仅以少数经典文本为代表的静态的、永恒的传统,而是经历了历史发展的文明传统。我们的想法是,在历史变迁的过程中追踪它们的轨迹,不去寻找永恒的本质,而去发现人类长期的关切,也就是那些文化和历史差异中的共同点。

比如，我们可以考虑以下一些关切和人类长期的问题：

1. 高尚与文明（领导力与公民权）
2. 宗教与国家
3. 自我、个人和人
4. 法律与宪政
5. 美好的生活

等等。

如果某次研讨会以"高尚与文明"为主题展开，以前通常的做法是在东方传统中寻找类似于西方传统的思想、概念或话题，如莫蒂默·阿德勒的"百部名著中的一百种伟大思想"。现在则是先选取亚洲早期文明经典中的突出问题，如受到普世价值检验的贵族身份、武士伦理、阶级行为等概念，然后检索西方经典中是否也有同样的问题。

下文的附录介绍了我们的阅读和跨学科参与的详细情况，包括我们的教师讲习班和随后为大三和大四学生（已经选修了所学传统中的核心课的学生）开设的课程。从这些试验性的工作中,我们总结了很多在这些课程中可以做什么的经验,并已经将成果汇编成教学大纲和工作手册,以便与他人分享交流,互学互鉴,共同成长。

附录

"高尚与文明,东方与西方"研讨会课程大纲

在第一次教师研讨会（2002年夏季）和随后的学生研习营（2003年春季）上,阅读的作品选自以下清单,它们都是可以代表世界上几个主要文明古典时期的作品。

西方古典时期

《伊利亚特》和《奥德赛》

希罗多德和修昔底德

柏拉图和亚里士多德

西塞罗和《埃涅阿斯纪》

圣奥古斯丁

中东和印度

法拉比（Al-Tarabi）

尼扎姆·穆勒克（Nizam al-Mulk）

《列王纪》（夏沃什）

《法句经》和《佛本行经》

《薄伽梵歌》

《利论》与《欲经》

中国和日本

儒家的《论语》

《孟子》和《荀子》

《老子》和《韩非子》

圣德太子的《宪法十七条》

最澄和空海（Saichō and Kūkui）

在将这份教师研讨会阅读清单调整为适合大三、大四年级学生研习营课程大纲的时候，学生们已经在研习营前必修的核心课中阅读了许多这样的文本，并准备结合我们选择的主题进行更深入的探讨。但是，他们要求把之前从西方到东方的顺序颠倒过来，让研习营先从中国和印度的经典开始，然后再到西方和中东。这就形成了以下的顺序，事实证明，这个顺序非常成功，已经成为这个系列研习营第一阶段（经典）的标准。

  儒家的《论语》

  《老子》《庄子》

  《孟子》

  《荀子》

  《韩非子》

  《法句经》

  《佛本行经》（佛的生平传记）

  《妙法莲华经》

  《罗摩衍那》

  《薄伽梵歌》

  《列王纪》（苏赫拉布，鲁斯塔姆，夏沃什）

  荷马的《伊利亚特》和《奥德赛》

  修昔底德

  希罗多德

  柏拉图的《理想国》

亚里士多德的《伦理学》《政治学》

西塞罗的《西庇阿之梦》《论友谊》

普鲁塔克的《客蒙传》《伯里克利传》

《旧约》/耶利米

圣奥古斯丁的《上帝之城》

《穆罕默德生平》

法拉比

第二阶段研讨会主要从以下人物的著作或作品中挑选阅读材料：

欧洲

但丁

克雷蒂安·德·特鲁瓦

乔叟

托马斯·莫尔

卡斯蒂廖内

蒙田

莫里哀

托马斯·霍布斯

中东和印度

安萨里（Al-Ghazali）

迈蒙尼德（Maimonides）

乌萨马·伊本·蒙奇德（Usama ibn Munqidh）

伊本·图菲利（Ibn Tufayl）

伊本·鲁世德（Averroés）

伊本·赫勒敦（Ibn Khaldun）

寂天（Santidera）

毗舍佉达多（Visakhadatta）

伊兰戈·阿提卡尔（Ilanko Atikal）

门钦（Manjhan）

《政术精华》（*Sukraniti*）

东亚

《妙法莲华经》

《金光明最胜王经》

慧远的《沙门不礼王者》

《仁王护国般若波罗蜜经》

吉田兼好的《徒然草》

《平家物语》（中世纪日本）

朱熹

王阳明

黄宗羲

李滉和李珥（朝鲜）

贝原益轩

山鹿素行和室鸠巢（17世纪和18世纪的日本）

2004年夏天，举办了主题为"领导力与公民权"的第三阶段研讨会，对1800年至1930年现代时期的经典进行研读。研讨会由 Pierre Force（法语系主任）和 Andrew Nathan（政治学系主任）主持，阅读材料如下：

西方文本

约翰·洛克（1632—1704）的《论宗教宽容》

伯纳德·曼德维尔（1670—1733）的《蜜蜂的寓言》

孟德斯鸠（1689—1755）的《法的精神》（前12册）

卢梭（1712—1778）的《论人类不平等的起源

和基础》(第二讲演集)、《爱弥尔》

亚当·斯密(1723—1790)的《道德情操论》

海因里希·冯·克莱斯特(1777—1811)的《米迦勒·寇哈斯》

黑格尔(1770—1831)的《精神现象学》(主奴辩证法)

伊曼纽尔·康德(1724—1804)的《康德政治著作选》

爱默生(1803—1882)的《美国学者》、《论自助》(1840)、《经验》(1844)

亚历克西·德·托克维尔(1805—1859)的《论美国的民主》

沃尔特·惠特曼(1819—1892)的《民主前景》

陀思妥耶夫斯基(1821—1881)的《温顺的女性》

列夫·托尔斯泰(1828—1910)的《伊凡·伊里奇之死》

弗里德里希·尼采(1844—1900)的《论道德的谱系》

索伦·克尔凯郭尔（1813—1855）的《非此即彼》

埃米尔·涂尔干（1858—1917）的《社会分工论》

马克斯·韦伯（1864—1920）的《政治作为一种志业》

中东文本

萨迪克·赫达亚特（Sadegh Hedayat，1903—1951）的《瞎猫头鹰》

纳吉布·马哈福兹（Naguib Mahfouz，1912—2006）的《小偷与狗》

贾拉勒·艾哈迈德（Jalal Al-e-Ahmad，1922—1969）的《受西方困扰》（*Plagued by the West*）

印度文本

拉宾德拉纳特·泰戈尔（1861—1941）的《牺牲》《一所东方大学》

莫罕达斯·甘地（1869—1948）的《甘地自

传》《非暴力斗争》

奥罗宾多·高士（Aurobindo Ghose，1872—1950）的《印度教与民族主义》

穆罕默德·伊克巴尔（Muhammad Iqbdt，1877—1938）的《伊斯兰教与人的尊严》《伊斯兰宗教思想之重建》

日本文本：《日本传统资料选编》第 2 卷

会泽正志斋（1782—1863）的《国家政体的实质》

佐久间象山（1811—1864）的《东方伦理学与西方科学》

横井小南（1809—1869）的《为共同利益开放国家》

福泽谕吉（1835—1901）的《劝学篇》

1890 年的《教育敕语》和德富苏峰的阐释

吉野作造（1878—1933）的《宪政主义》

中国文本：《中国传统资料选编》第 2 卷

张之洞（1837—1909）的《劝学篇》

康有为（1858—1927）的《孔子改制考》《大同书》

梁启超（1873—1929）的《新民说》

孙中山（1866—1925）的《民权主义》

梁漱溟（1893—1988）的《乡村建设理论》

毛泽东（1893—1976）的《湖南农民运动考察报告》

刘少奇（1898—1969）的《论共产党员的修养》

2005年5月和6月举行的同一主题的第四阶段研讨会所涉及的当代（1930~2000年）作品如下：

西方

玛莎·努斯鲍姆（1947—）的《培养人性：从古典学角度为通识教育改革辩护》（1997）

诺贝特·埃利亚斯（1897—1990）的《文明的进程》

弗拉基米尔·纳博科夫（1899—1977）的《说吧，记忆》

奥尔特加·加塞特（1883—1955）的《大众的

反叛》

米洛万·吉拉斯（1911—1995）的《新阶级》

汉娜·阿伦特（1906—1975）的《人的境况》

詹姆斯·乔伊斯（1882—1941）的《往生者》

约翰·罗尔斯（1921—2002）的《政治自由主义》

查尔斯·泰勒（1931—）的《本真性的伦理》

以赛亚·伯林（1909—1997）的《理想的追求》《知识分子的角色》

莱昂内尔·特里林（1905—1975）的《诚与真》中的《英雄的，美的，真实的》

弗吉尼亚·伍尔芙（1882—1941）的《贝内特先生与布朗夫人》

亚瑟·米勒（1915—2005）的《推销员之死》

托马斯·曼（1875—1955）的《马里奥与魔术师》

瓦尔拉姆·沙拉莫夫（1907—1982）的《科雷马故事》

安娜·阿赫玛托娃（1889—1966）的《安魂曲》

亚当·米奇尼克（1946—）的《蛆虫与天使》

中东

纳吉布·马哈福兹(1912—2006)的《鹌鹑与秋天》

福露格·法罗赫扎德(1934—1967)的诗选

巴基·萨德尔(1934?—1980)的《伊斯兰经济学》(Islam and Schools Economics)

拉尔比·萨迪基的《寻找阿拉伯民主》(The Search for Arab Democracy)

阿卜杜卡里姆·索罗什(1945—)的《伊斯兰的理性、自由与民主》(Reason, Freedom, and Democracy in Islam)

吉里什·卡纳德(1938—)的《图格拉克》(Tughlaq)

印度

纳拉扬(1906—2001)的《男向导的奇遇》

安贝卡(1892—1956)的《对甘地主义的批判》

阿马蒂亚·森(1933—)的《作为普世价值的民主》

日本

大江健三郎（1935—）的《我在暧昧的日本》（诺贝尔文学奖获奖演说）

三岛由纪夫（1925—1970）的《日本帝国的风采》

上野千鹤子（1948—）的《日本女性主义的问题》

丸山真男（1914—1996）的《日本政治执拗低音》

中国

唐君毅（1909—1978）的《为中国文化敬告世界人士宣言》

李小江（1951—）的《女性意识的觉醒》

经典的翻译

〔美〕狄培理

全球化课程与本国文化孰先孰后这个问题,在上文我已表明观点,即核心课程应当优先安排学习本国的主流文化传统,再安排全球其他主要的文化传统。但是当时,我回避了一个至关重要的问题,这个问题困扰着任何试图通过阅读文本去重温经典作品的人文学习,这是个人学习和大学教学都会遇到的问题:我们要用什么语言来实现这种学习?

很显然,大多数情况下,我们是通过阅读译文而非原文来学习的。本书收录了一篇关于尹教授的文章,文中他提出了一个值得深思的问题,那就是如何尊重语言与作为传统象征的文化产物之间的整体联系，开展当下的通识教育。关子尹教授指出，全世界教育从业者大都认可，英语是当代文化交流的主要语言，也是主导教育领域的经济、技术专业的通用语。

英语在实践中的强势不言而喻，加上母语日趋式微，某些学校鼓吹它们的优势就是能够让年轻人在全球化经济中崭露头角，这些学校的高级知识分子更倾向于把英语当作第一语言，而非第二语言。因此，关子尹教授非常担忧，那些曾在历史上维系重要文明的语言正在遭受边缘化甚至消亡的危险。书面语言是文明话语的关键，而文明话语是构建文明和文明生活的基本要素。关子尹教授提到英语作为一种现代通用语，它的过度主导地位会不会破坏这种文明的话语，进而破坏文明本身？

为了解决这个问题，根据"全球化视野与本土化行动"相结合的原则，关子尹教授认为，想要实现全球化必须不断努力实现"全球本土化"（glocalization），这是他自创的新词，指的是通过有意识地在高等教育中保护母语进而保护地方传统。这不仅仅是一个抽象的或假设性的问题，一些香港教育者建议将英语作为首要的教学语言从而实现国际化——这一政策与新亚书院（新亚书院是香港中文大学建校的三大书院之一）最初的创办意图截然相反。

关子尹教授是从更大的教育和哲学层面阐述他的"全球本土化"主张，令人信服。而我们更加关注的是全球化与经典学习的关联问题：作为人文教育和核心课程的一部分，经典学习是为维系全球文明而不仅仅是为经济全球化服务的。这里，我们着重考察翻译方面的问题。首先，经典文本是否可以翻译？译文是否忠实于原文？其次，阅读经典的译本，是否必然危害当地传统文化的传承？或者说翻译未必是一种有效手段，它发挥不了联系传统与现代的纽带作用？

实际上，这些并非新问题，而是和文明本身一样古老的话题。如关子尹教授所言，英语成为当代文化通用语之前，拉丁语和古希腊语是西方古典文化的通用语，汉语是东亚很多古典文化的通用语。但它们都被英语替代了。19世纪至20世纪初，英美精英学校要求青年学生接受古典教育前必须熟练掌握拉丁语和古希腊语,要求学生阅读经典原文。

在 20 世纪早期的美国,与此相关的一个变化是大学取消了对古典语言——拉丁语和古希腊语的要求,但经典阅读一直被视为受过教育的"绅士"的必备条件,那就只有通过译文来阅读经典。这种现象出现后,遭到古典语言捍卫者的抗议,他们坚持经典须阅读原文,否则会不可避免地丢失一些东西。诚然,在翻译中,某些原文的内在价值及文学形式会有所缺失,这点是毋庸置疑的。不过,早期支持阅读经典译本的约翰·厄斯金(John Erskine)对此不以为然。他问道:"有多少人读过《圣经》的原文呢?"言下之意,很多作品,如《圣经》那样,人们即使阅读的只是译本,也可把握其要领、体会其要义。

事实上,哥伦比亚大学、芝加哥大学和圣约翰大学人文学科或"名著"项目的主要倡导者马克·范多伦坚持认为,衡量作品经典与否,就是看能否在译本中绽放其经典之光彩,即使译本与原文略有出入。他的意思是,经典作品关注与人类生活息息相关且反复出现的争议、关切、价值观,即使翻译让人质疑，经典也永远不会过时，永远不会被淘汰的。显然，正是因为这样，拉丁语和古希腊语古典作品才能在英、法、德文化传统里经久不衰。同样，莎士比亚能在英国乃至整个欧洲文坛迅速崛起，对欧洲文学及文化习语极具影响力亦是如此。

这不仅适用于西方，也适用于东方。放眼亚洲的那些传统经典，从一种语言翻译成另一种语言，作品依然大放异彩。如西欧古典传统欣然接纳拉丁语、古希腊语作品一样，被译为朝鲜文、日文的中国古典名著，在异邦仍被广为追捧，被奉为经典。①那些被译为东亚、南亚其他国家语言的印度作品，以及被当代亚洲视为经典的西方作品皆是如此。

因此，在翻译过程中不可避免流失的那些东西，其实是无伤大雅的。用当代通用语翻译经典，阅读受众面更广，焕发经典的新生命，使其广为流传，进而限定或限制新通用语的"过度主导"。但我们

---

① 日本汉学家荻生徂徕就提出过类似的意见，他反对把中国经典作品翻译成日语。参见 "Ogyu Sorai's Approach to Learning," in William Theodore de Bary, Carol Gluck, and Arthur E. Tiedemann (eds.), *Sources of Japanese Tradition*, Vol. 2, 1600 to 2000, 2nd ed., New York: Columbia University Press, 2005, p. 280。

也要清醒地认识到，要延续经典的传承，仍须去追溯原文、探究原文，再现原作中的精髓。西方及亚洲的先驱译者，殚精竭虑通过译作传播亚洲经典文化，极大地丰富了19世纪及20世纪西方文化生活，并为思想界、文学界那些意识到亚洲经典文化价值的翘楚提供创作之源泉。这种例子不胜枚举，比比皆是。反过来，亚洲青年人也因此获益。最初亚洲青年人受现代西方主流文化的吸引，不经意间背离了本土经典文化。那些译作在让欧洲人拓展知识、开阔视野的进程中，也让亚洲青年人意识到本土文化的重要性，从而理性回归自己的传统中去。圣雄甘地就是最典型的例子。他本想努力转型为完美的英国绅士，在探索过程中，受杰出的俄国作家托尔斯泰、英国作家罗斯金（Ruskin）及英国神智学者的影响，最终走上了归根本土的路。显然，甘地受原生家庭影响，信奉印度教。不过正如他自己承认，是身边那群英国朋友对印度教的那份欣赏和推崇，才让他开始学习梵语，阅读了解了印度教经典《薄伽梵歌》。

关子尹教授提倡"全球本土化"来延续传统，

甘地的例子恰好说明了现代文化情境是经典传承的又一要素。早年的甘地，不懂梵语，主要通过当地习俗、本土文学感受印度传统。难能可贵的是，后来他结合西方学术思想研究印度经典，形成具有自己思想的高度成熟的文化传统认知。能够产生这种结果，很大的原因是印度的文化经典学习是精英阶层婆罗门的特权，其他种姓阶层无法获取这些经典。与之媲美的典型例子是波士顿的名门望族和文人雅士，他们后来被称为"波士顿婆罗门"，部分原因是其独特的"超验主义"理念渗透着与婆罗门传统一致的印度灵性文化。正如甘地融合了本土文化与西方思想的不同元素培育出全新的印度民主文化一样，"波士顿婆罗门"也为"新"英格兰做着同样的贡献。

与印度的婆罗门相比，中国清朝末年的儒家官僚尽管同为上层文化精英，却算不上什么世袭贵族，然而在传承传统文化方面，他们也面临许多和印度婆罗门相似的问题。他们失去了官场上的特权地位，甚至失去了特有的文人身份，他们被接受新式教育的文人所取代。这些新生代将文言文视为现代化的拦路虎，倡导用白话文来构建现代文化。这意味着20世纪中国新一代学生接受的现代教育，主要是来自西方的课程。这种西化的教育让他们渐渐远离文言文，不得不借助白话译本来阅读经典作品。经典的存续岌岌可危。视阅读经典为家庭传统的精英家庭，父母担忧公立学校忽视经典教育，故而采取家庭自主教育的方式来弥补这一不足。除此之外，只有少数大学生选择古典文学系，主修古典文学。当然，这并不意味着所有的传统价值观都消失了，它们有些以谚语的形式保留下来，成为家庭和乡村生活的一部分。但是，当传统以民俗文化可识别的元素得以保存，不免让人深思，这些传统语言能否有效地或清晰明确地表达政治、经济领域中那些更为复杂的专业问题。正是基于文明生活和国家决策层面的考虑，20世纪50年代新亚书院的创办者很注重护持传统的价值观，并使其表达能符合当代政治、社会和教育政策的范式。

新亚书院的创办者在危机重重的年代寻求这一挑战的解决之道，他们是流散在外的儒家学者的杰出代表，尽管流落他乡、深受压迫，但他们为延续传统价值观所做的努力，与之前儒家学者应对现代性挑战的付出十分相似。日本现代化改革就是很好的例子。通过明治维新，日本教育系统发生了实质性的变革。缙绅贵族的杰出代表西园寺公望（1849—1940）洞悉时势，推动1868年日本明治维新的实施，积极参与一系列宪法改革及文明社会所需的基础设施建设。在推进革新、促进西化的同时，他担忧西化教育体系下，新公立学校和国立大学不再教学儒家思想会导致传统价值的衰落，尤其是儒家学说的丧失。于是资深望重的他，利用自身优势，借鉴德川幕府新儒学模式建立了私塾立命馆。我们可以认为，该私塾是相对于新大学应运而生的。西园寺公望一方面参与创建西式的明治大学，另一方面沿袭德川幕府时期新儒学传统教育机构的名称（馆）与办学模式创办了立命馆。这是他在时代洪流下既接纳现代又保留传统的折中做法。

私塾名为立命，寓示着西园寺公望和他的同事认为儒学及新儒学的本质是修身养性以奉天命。他认为这点在西式大学分门别类的院系专业中明显缺失。"立命"一词源于被朱熹视为经典大力推崇的《四书》之一《孟子》,西园寺公望及其同辈包括明治天皇,皆对此书耳熟能详,这是他们早期教育的基本内容。"Ritsu"(立)字面意思为"站立,站起来,树立或者建立";"mei"(命)字面意思为"命令"或"掌管",同时也有上天安排个人的命运或天意或使命等隐含意义。对于西园寺公望,乃至孟子①、朱熹而言,"立命"意味着事在人为,反躬自问,不怨天尤人。学习从根本上是要把个体培养成有担当的人。学习意味着知行合一,为日后的安身立命做好准备。

明治时期的日本政治家中村正直(1832—1890),别名敬宇,他与西门寺公望的观点一致。中村正直身兼数职,但其最具知名度的身份是作家和时评家,他为《明六杂志》积极撰写启蒙运动的思辨性文章。中村正直曾师事幕府昌平黉的佐藤一

---

① 《孟子·尽心上》:"尽其心者,知其性也。知其性,则知天矣。存其心,养其性,所以事天也。殀寿不贰,修身以俟之,所以立命也。"参见 William Theodore de Bary and Irene Bloom (eds.), *Sources of Chinese Tradition* Vol. 1, 2nd ed., New York: Columbia University Press, 1999, p. 155. 中文原文参见朱熹《四书章句集注》,中华书局,1983,第349页。——译者注

斋，精通儒学，在启蒙运动中脱颖而出。佐藤一斋既奉朱子又宗王阳明，其思想反映了幕府时期朱子学与阳明学相结合的趋势。新儒学注重个体道德责任，提倡奉献牺牲。这或许可以解释中村正直为什么会对基督教感兴趣，为什么把塞缪尔·斯迈尔斯（Smauel Smiles）的 *Self-Help* 翻译为《西国立志编》、把约翰·穆勒（John Stuart Mill）的 *On Liberty* 翻译为《自由之理》并出版，这两部作品在明治时期极大地推动了现代西方思想在日本的传播。

新儒学教育显然对中村正直影响深远，他发现儒家传统与自己信奉的现代西方价值观之间有许多相似之处。这与福泽谕吉早期的思想形成鲜明对比，福泽谕吉主张破除传统、全盘西化。因此通常人们将二者的思想对立起来。中村正直所熟知的大多是欧洲宗教改革、启蒙运动后期的文明，他期待从中找到人性共同点，将西方传统与儒家价值合二为一。

1890年4月，在《古今东西一致道德之说》中，中村正直谈到自己对东西方传统价值观的思考。这些思考让他接受了新思想，也让他看到中国、日本、西方文化潜藏着共同的人类价值观。

讨论事物的异同，见仁见智。做比较要承认事物之间存在共性。比如说尽管男女不同，但都是人。这就是求同法。又比如说，尽管都是人，男女在本质上有刚柔之别。这就是存异法。因此，人们有时运用归纳法概括事物的相似，有时运用演绎法分析事物的迥异。为了引导人们向善，即使在教学中可以列举形形色色的例子，一般也就泛泛而谈，重点落在相似处……

我今天要谈的是东西一致道德之说。异中求同，我们必须对比分析，而不能简单概括。在大同小异的前提下，抓大放小，摒弃狭隘的民族主义，豁达接纳西方精湛的技艺成果……

人性本善，这是与生俱来的天赐之物。人人皆具良知良能[①]，由此带来善行……因此尽管时空变迁，人性及行为准则却是不变的。总体上说，人性是大同小异的。

接着中村正直又把人类普遍价值观与那些基于

[①] 《孟子·尽心上》。原文参见朱熹《四书章句集注》，中华书局，1983，第353页。——译者注

适者生存进化论的超道德观点进行对比,在分析这些表象后,他提出西方价值观的特性并不是不受道德约束的。

> 物竞天择,适者生存,弱肉强食不可避免。道德人性灰飞烟灭,人们重武轻德,诉诸武力维护利益……
>
> 个体性(独自一己)和社会性(人伦交际)是构建西方价值的两大根本支柱。个体的生活就是基于这两个要素展开的。人伦交际之社会性是人类独有的特性。我们与他人同甘共苦,祸福与共。但是,社会性是次生的。独自一己才是道德的基础。换言之,一己是人之为人的基础。……善恶的选择取舍,皆是个体的自由选择。心志言行,亦属个人所有。因此,个体必须承担自我选择或行为所带来的结果。而且,德善罪恶之有报,亦皆由独自一己去承担。这就形成了自由的准则……
>
> 纵观古今东西,个人道德之关键乃自治也……自治是上文提及的独自一己最核心的要

义，是自由独立原则的根源……从上述讨论中可知，没有道德就没有自由，没有自由也不可能有道德。如果没有自由，人就无所谓刚毅或定静。为了深入讨论，在此我将援引一位西方学者的观点，在他看来，所谓自由就是做自己的主人。这与早期中国的教育理念"道心惟微，惟精惟一，允执厥中"[①] 不谋而合。也与宋朝儒家学者的理解相一致，即"道心常为一身之主，而人心每听命（即道心）焉"[②] ……

总而言之，西方哲学自由之真谛即中文里所说的，如以道心（天理）为主则得自由也，如为人心（人欲）之奴隶则不得自由。此自由，实为修身即自治之根本也。正因如此，它是人类福祉的源泉，是安国富民的根源。也正

---

① 摘自朱熹的"十六字心传"。"人心惟危，道心惟微；惟精惟一，允执厥中。"这句话出自《尚书·虞书·大禹谟》，是儒学的"十六字心传"。——译者注

② 朱熹在《中庸章句序》中对"十六字心传"的解释："从事于斯，无少间断，必使道心常为一身之主，而人心每听命焉，则危者安，微者著"，参见 William Theodore de Bary and Irene Bloom (eds.), *Sources of Chinese Tradition*, Vol.1, 2nd ed., New York: Columbia University Press, 1999, pp. 732-733. 原文参见朱熹《四书章句集注》，中华书局，1983，第14页。——译者注

是这一点,最能体现古今东西道德之一致性。①

我之所以在此详细引用中村正直的文字,是因为他虽然是进步人士、"洋学者",但仍然觉得应该用新儒学的核心教义及其独特的论述去诠释西方的自由与权利。他试图用达意的措辞翻译西方和中国的价值观,主张宣扬西方自由必须以"东方的""中国的"儒学文化为基准。谈及自我主宰是关键时,他一再重申孟子、朱熹和西园寺公望关于"自律"或"自主"的基本观点。尽管这两种提法不尽相同,但他认为二者有着本质上的相似之处。

西园寺公望创办的立命馆与后来唐君毅、钱穆创建的新亚书院,各自形成的历史条件明显不同,不过我们依然可以看到共性所在。中村正直觉得必须捍卫儒家思想,请求保留中华文化,他说汉学

---

① Nakamura Masanao, "Past-Present East-West: One Morality," in William Theodore de Bary, Carol Gluck, and Arthur E. Tiedemann (eds.), *Sources of Japanese Tradition*, Vol. 2, 1600 *to* 2000, 2nd ed., New York: Columbia University Press, 2005, pp. 769-775。

"不可废"。① 对于日本急于进入现代化、片面追慕西方文化而全盘否定儒家文化,他深感绝望。同样,唐君毅、钱穆二人流亡香港避难,彼时的香港在英国的殖民统治下,深受西方思想影响,他们也为儒学在大陆及香港花果飘零的命运忧心忡忡。

如今,西园寺公望、钱穆、唐君毅创建的教育机构仍然前途未卜,儒学的处境依然岌岌可危。二战后,日本奇迹般地实现了经济的现代化,也进一步感受到教育体系全球化带来的压力。立命馆不再是一所纯粹的儒学私塾,而是兼容并包的西式大学。在20世纪80年代早期,它被课程全球化潮流裹挟着。那时我刚卸任哥伦比亚大学学术事务副校长一职,正在京都大学做研究。由于我参与过学科问题、教育规划以及学术界眼里的国际研究,立命馆大学校长邀请我就"课程全球化"提些建议。主办方及出席的师生都不知道,早在1964年美国教育部发起

---

① Nakamura Masanao, "Japan's Debt to China," in William Theodore de Bary, Carol Gluck, and Arthur E. Tiedemann (eds.), *Sources of Japanese Tradition*, Vol. 2, 1600 to 2000, 2nd ed., New York: Columbia University Press, 2005, p. 718.

了一场专题学术讨论,我就《国防教育法》发表看法,支持外国文化的人文研究,而非地缘政治学或与国防相关的军事问题研究。[1] 在立命馆大学发表"课程全球化"主题演讲时,一开始我就强调国际研究(即现在我们所讲的课程全球化)应当首先立足本土文化。我们要把本土传统视为利于文化有机发展的温床,以之来接纳他国文化或应对文化的持续全球化。为了说明这一点,我抛出问题让听众思考。比如,如何将现在的国际化项目与立命馆创始人的初衷联系起来?如何理解"立命"?会场一片静默,直到一位研究古典文化的教授根据孟子学说给出了解释(尽管这个解释与西园寺公望及中村正直对新儒学的理解仍有细微差别),才打破了这一问三不知的尴尬。其他人似乎都不知道该怎么回答。

窥一斑而知全豹,我认为,这正是东亚众多大学普遍现状的缩影,它有助于我们理解香港中文大学的现状,香港中文大学极大地背离了新亚书院办学的初

---

[1] William Theodore de Bary, "Education for a World Community," *Liberal Education*, *The Bulletin of the Association of American Colleges* 1, No. 4 (1964): 1–21.

衷,要想实现关子尹教授提倡的全球本土化是何其艰难。(例如,不仅要保留本土文化,更要积极复兴和重振本土文化。)除非课程本身适合"全球本土化",这种课程才能与课程的全球化相得益彰。

这意味着,要实现全球本土化,世界各国必须同时提倡一种理念,即全球化与"全球本土化"相互促进的发展模式是开展全球教育、传承本土文化的基础。这种发展态势在某种程度上已经悄然形成。在西方国家,更多接受高等教育的学生可以在通识教育中接触、学习亚洲经典。许多学生通过译本了解亚洲经典,随之产生兴趣转而去阅读原著,并做进一步研究学习。这种例子并不罕见。亚洲研究在西方的发展,促进了那些在本土被否定、淡化、忽视的亚洲传统的复兴。

将阅读亚洲经典译本作为核心课程中通识教育的一部分,有助于实现全球化和推动"全球本土化"。因此迅速开展翻译工作就显得尤为重要。需要长期的努力才能创作出可阅读的译本。的确,无论是翻译更多的经典,还是众多经典的重新翻译,可读性都是非常重要的。真正经典的作品经常会被重新解读，因为它们涉及的关键问题总是容易被重新审视和反复思索。越是重要的作品，就越能深挖出人类共同的体验，也就有越多值得不断反思的层面。衡量作品是否经典就是看它的不可通约性：像这样的作品，不可能有"最权威的翻译"，尽管人们常常会这样形容某一译本。

早在19世纪和20世纪早期，大量亚洲经典的译本就传播到欧美，那些重要著作早已是人尽皆知。自此，它们不断挑战西方一流的作家和思想家去翻译，去解读。尽管如此，1948年哥伦比亚大学启动亚洲人文学科项目时，之前所做的翻译还是远远不够。这是因为已有的亚洲经典的译作还远远不能满足通识教育的需要。尽管有足够的合格的译著使这一有价值的项目得以启动，但仍然有许多不足。除了只有学术研讨精选出的少数译著，项目发展还面临着一个重要问题，即翻译要适合普通读者阅读，不需要繁复臃肿的学术注释，那是尽心的译者为特定研究领域的专业人士准备的。

幸运的是，青年学者们做出了卓有成效的努力。他们推出翻译新标准，不仅追求学术上的卓越，也兼顾通识教育里学生的理解能力，用平实、优美的语言传达经典的内涵。其代表人物之一就是唐纳德·基恩（Donald Keene），他翻译的《日本文学选》（*Anthology of Jopanese Literature*，1955），将日本的经典著作以节选（便于阅读）的形式呈现给读者，其代价是对那些最好整部阅读的作品进行了删节。为了弥补这一不足，基恩接着翻译了一些《日本文学选》中节选作品的整部著作。最值得关注的是，他翻译吉田兼好的《徒然草》，以 *Essays in Idleness* 为书名在东方经典译本丛书中出版，该系列图书是专为满足亚洲人文学科通识教育需要而翻译的。接着基恩又翻译出版了《近松门左卫门主要剧目集》以及戏剧《忠臣藏》。他的学生罗耶尔·泰勒（Royall Tyler）和凯伦·布雷泽尔（Karen Brazell）接续他的工作，翻译了《日本文学选》中节选能剧的全本，最后以平装本出版、亲民价上市。与此同时，基恩《日本文学选》中节选的另一部日本古典文学的重要作品——清少纳言的《枕草子》，由伊凡·莫里斯（Ivan Morris）翻译了全书。莫里斯英年早逝，生前积极参与了哥伦比亚大学亚洲人文学科教学。这些经典作品的译本，凝聚了译者的智慧，堪称标准译本、经典译本。

中国这方面，许多经典著作在此之前就有了译本，以理雅格（James Legge）和亚瑟·韦利（Arthur Waley）的译本最为出名。它们是早期课程不可或缺的教材。但是其他在中国甚至整个东亚被奉为圭臬的经典之作要么还未曾有人翻译，要么就是还没有适合学生阅读的译本。在这方面取得重大突破的是陈荣捷和巴顿·华兹生（Burton Watson），他们翻译了一系列反映中国文化多元性的作品，以及那些后来成为东亚传统经典的作品。比如陈荣捷翻译的老子、朱熹、王阳明的作品。华兹生早期翻译的中国古典非主流经典作品《墨子》《荀子》《庄子》和《韩非子》，很快由哥伦比亚大学出版社以平装版低价发行，成为亚洲人文学科必读书目上的标准读物。同时为翻译界树立新标准，即译文要准确生动，具有可读性。华兹生殚见洽闻，博学多才，其翻译的精湛技巧在他的译作（司马迁《史记》、《维摩诘经》、《妙法莲华经》以及中国经典诗集《哥伦比亚中国诗选》）中体现得淋漓尽致。这些译作都被纳入亚洲人文学科阅读清单之中。

我们在翻译新儒学即理学著作时，遇到的最大困难就是如何让译本具有可读性。这些理学回应佛道挑战的重要作品，主要是朱熹对儒家经典的注释。比起儒家经典原著，其注释更晦涩难懂。基于这个原因，许多大学教师往往避难趋易，对理学文章避而不谈，多去选择文学作品（而且文学作品的数量是非常庞大的）。然而，这些理学经典对后来13世纪至20世纪的中国、日本、朝鲜思想道德传统有着极其深远的影响，其对东亚的影响堪比但丁对西方的影响，是不容忽视的。在翻译中世纪伊斯兰教和印度教传统文献中，我们也遭遇了类似的困境，举个例子，像商羯罗的《梵天经注》这样重要的作品就缺少合适的译本。诚然，我们可以通过节选翻译来解决这个棘手的问题，比如在《印度传统资料选编》中介绍商羯罗、在《中国传统资料选编》第二版中加入了一些朱熹作品的新译文。这种折中的做法，虽说聊胜于无，终归不尽如人意。

此外，在编写有关印度文化的通识教材中，一位在翻译印度思想和文学方面颇有建树的人物——

芭芭拉·米勒（Barbara Miller）脱颖而出。最早她是在巴纳德学院读本科时学习了亚洲人文学科，接着攻读梵语研究生，最终翻译出适合普通读者的可读性强的译本。这些重要作品包括《薄伽梵歌》、迦梨陀娑的《沙恭达罗》、《黑魔王的情歌》（牧童歌）以及伐致诃利《三百咏》诗歌集。芭芭拉·米勒生前对亚洲人文学科课程的研发做出了杰出的贡献，她是全世界印度文化和梵语领域当之无愧的领军人物。

因此，尽管看上去，亚洲人文学科项目依靠的是那些在时间长河里、在世人审视与辩驳中经受住考验流传下来的世界经典之作，但是他们能否通过"译本再现经典"（用范多伦的话来说），取决于是否有译者能够用平实、优美的语言传达经典的内涵，让不同时代不同文化背景的新读者领略到其魅力。这些新读者包括一些亚洲人士，他们通过译本了解自己的文化经典。

最后，让我们回到上文提到的翻译、阅读译本还是阅读原文的问题。原文到底指的是什么？现代学术研究常常对经典作品的作者、年代及文本构成提出疑问。有时,学术研究解决了疑问,确定了版本,并且这种版本成为学界的共识,而译者在选择要翻译的文本时一般都会尊重这种共识。但是,如果学术研究通过质疑产生的是与传统文本截然不同的新文本,那么就有一个问题:尽管新文本具有历史或背景的相关性,但它是否可以被视为"经典"?

亚洲人文学科项目建立在阅读经典或"名著"的基础上,这些著作赢得了几代人的认可,在不断审视和争论中依然熠熠夺目。最初我们根据别人的推荐去接触经典,别人强调经典是伟大的,出于尊重,我们去阅读。我们愿意做出这样的努力,是一种衡量,一种姿态,是对其他人的经历的尊重和认同,只要在某种程度上他们会因这些经典而激发出更好的想法即可。这样,经典本身就成了纪念他人作品的丰碑,当然不仅仅是缅怀"已逝的白人作家"。研读经典,我们可以成为那些伟大对话的参与者,我们可以倾听,可以努力去理解他们最想对彼此表达的观点。对我们而言,这是一种文明的行为。然而为了应对 21 世纪新野蛮主义,这就不再只是友好的姿态,更是一种迫切的需求。

唐君毅及其"通识教育"思想[*]

张灿辉[**]

自1949年新亚书院成立起,唐君毅一直担任文学院院长和哲学系讲席教授,直到1974年退休。通识教育是大学课程的必要组成部分,但唐君毅从未在自己的作品中将它提升到如此高度。当然,他写了大量关于文化、教育以及人文社会科学和自然科学之间关系的文章,并将它们视作学术学科,足可见他对人文教育的重视程度。事实上,作为新亚书院的创始人之一,唐君毅参与了新亚书院使命宣言

---

[*] 本文的部分内容在张灿辉之前发表的两篇文章中也有谈及,参见"Humanities and Humanistic Education," *Humanities Bulletin*, 2 (1993); "The Idea of the Humanities," *Humanities Bulletin*, 4 (1995)。

[**] 张灿辉,香港中文大学哲学系教授、大学通识教育主任。

和规章制度的起草工作。① 它们无不彰显着宋代书院的精神。《新亚书院学规》第 14 条明确规定："中国宋代的书院教育是人物中心的，现代的大学教育是课程中心的。我们的书院精神是以各门课程来完成人物中心的，是以人物中心来传授各门课程的。"② 与这个观点一致的是，第 9 条规定："于博通的知识上再就自己材性所近作专门之进修，你须先求为一通人，再求成为一专家。"③ 强调对人的教育，而不仅仅是知识的获取，以及强调对所有知识的学习而不仅是专业知识的学习，成为新亚书院通识教育的指导原则。

尽管这样的间接引用并不能构成他的通识教育思想，但我想谈谈唐君毅先生的教育思想和人

---

① 钱穆应该是 1950 年起草的学规的主要作者。参见钱穆《从新亚书院看钱穆先生的教育思想》，载朱汉民、〔美〕李弘祺主编《中国书院》，湖南教育出版社，1997。
② 《新亚书院手册》的《新亚书院学规》，2004~2005，第 101 页。其他成员学院并没有类似的学规。这显然是朱熹《白鹿洞书院揭示》的现代调适版本，参见 William Theodore de Bary and Irene Bloom (eds.), *Sources of Chinese Tradition*, Vol. 1, 2nd ed., New York: Columbia University Press, 1999, pp. 742-744。
③ 《新亚书院学规》第 9 条，第 100 页。

文思想与当前大学通识教育计划的审查和重组的相关性。这项审查于 2002 年 10 月由香港中文大学副校长金耀基教授发起,金耀基教授曾于 1977 年至 1985 年担任新亚书院院长。经过近一年的咨询和讨论,香港中文大学校务委员会通过了《通识教育审查委员会的报告》(2003 年 9 月),并于 2004~2005 学年开始实施新计划。课程改革要求由常设委员会和外部专家建立一个质量控制机制,对所有现行大学通识教育课程进行监督,除此之外,最重要的特点是建立了四个与学科无关的人文关怀范畴。它们分别是:(1)文化传承;(2)自然、科技与环境;(3)社会与文化;(4)自我与人文。大学里所有的通识教育课程都被归为这四类。每位本科生必须在每个领域至少选修一门课程才能毕业。

虽然唐君毅先生和这次大学通识教育项目的发展没有直接的联系,但新课程可以被视为香港中文大学两个基本精神的体现,即崇基学院的博雅教育和新亚书院的人文传统。唐君毅的两篇论文《人的学问与人的存在》和《人文学术与自然科学、社会科学之分际》[①]为阐述上述四个领域提供了重要理论基础。不过，为了显示它们之间的关联性，首先必须澄清"大学""人文""人文教育""通识教育"这几个概念。

大学的理念

尽管新亚书院1963年加入了香港中文大学，但唐君毅并没有完全接受香港中文大学的组织机构和行政体制。为了新亚书院学生的利益，唐君毅同意让新亚书院成为香港中文大学的一部分，但他其实是不太情愿的，因为他认为新亚书院的使命和其他大学是不同的。他时常强调，新亚书院的办学宗旨是"上溯宋明书院的讲学精神"。因此，新亚书院一直被称为"书院"，而不像源于西欧的崇基学院被称为"学院"。新亚书院的主要宗旨是传承和发展中国文化。中国文化在当时面临危机，因此这是一项具有重大文化责任的任务。唐君毅和其他儒家学者认为，中国传统文化的全面崩溃迫在眉睫。新

---

① 唐君毅：《中华人文与当今世界》，学生书局，1975。

亚书院是拯救中国文化的最后希望之一。在他看来，新亚书院是一所名副其实的中国的大学。新亚书院的学科应该主要关注中国文化。① 这种精神被称为"新亚精神"。新亚书院人文教育的中心思想是把求学和作人结合起来。《新亚书院学规》第1条规定："求学与作人，贵能齐头并进，更贵能融通合一。"② 在退休前的最后一次演讲《新亚的过去、现在与将来》中，唐君毅一方面重申了新亚书院的人文精神，另一方面也指出了大学教育的危机。学科的碎片化、学科学位课程的工具性目的、求学与作人的分割以及教师与学生的疏离，是挑战新亚精神的主要问题。③ 新亚书院的最终目标是通过求学来拯救中国文化。他坚信，"中国文化精神之潜存于中国人心者之发扬光大，断然能复兴中国"。④

---

① 唐君毅：《对未来教育方针的展望》，载新亚研究所主编《新亚教育》，香港：新亚研究所，1981，第131~134页。（由《新亚生活双周刊》1960年第1期总第17期，第1~2页重印。）
② 《新亚书院学规》第1条，第100页。
③ 唐君毅：《新亚的过去、现在与将来》，载《新亚校刊》，1973年，新亚研究所，1981年重版，第151~165页。
④ 唐君毅：《我所了解之新亚精神》，载《新亚校刊》，新亚书院，1952，第2页。

但是，对香港来说，新亚书院强调的高度的道德和文化责任似乎过于理想化了。1963年香港中文大学成立后，各成员学院的学术自主权逐渐移交给大学管理。对此，唐君毅曾公开表示遗憾，认为香港中文大学背离了书院精神。① 1976年，唐君毅辞去香港中文大学理事会的职务，两者间的矛盾达到顶峰。随后，新亚研究所也从香港中文大学撤出。我认为，他们之间的矛盾不仅在于政治和行政观念的不同，还在于对大学理念的理解不同。毕竟，新亚书院的精神与现代大学并不完全契合。

大学，本为西方的概念。大学的现代概念起源于12世纪的欧洲。拉丁语中的 universitas（大学）或 studium generale（大学校），意思是 magistrorum et scholarum（学者和学生团体），即由学者和学生组成的团体。因此，collegium，现代意义的大学，大抵有着相同的含义。像巴黎和博洛尼亚的古典大学就是出于专业和功利的考虑而建立的。它们有四个专业学院，即法律、医学、神学和哲学学院，并由专

---

① 唐君毅：《新亚的过去与将来》，载《新亚教育》，第156页。

门协会的成员组织和管理。古典大学的宗旨是满足社会的需求。这些大学的"出现是为了满足培训律师、教师和神职人员的需求,以填补日益复杂的教会和国家行政部门的空缺"①。这种古典大学的理念和中国书院的精神截然不同。书院强调的是人的自我道德修养,而不考虑实际问题。也许书院和大学有一点是相同的,即 studium generale(大学校)的观念,也就是说,这些教育机构的学生来自全国各地,入学后与学者们一起学习和开展研究。这种跨省乃至国际化的特点,至今仍是大学的基本特征。

现代意义上的大学是教学、学习和研究的高等机构,这一概念诞生于19世纪的英国和德国。红衣主教纽曼和威廉·冯·洪堡确立了大学的共同目标。纽曼把主要从亚里士多德那里继承而来的自由教育视为大学的中心角色,而洪堡则强调学术操守和教、学、研的自由。② 事实上,当代研究型大学

---

① James Boven, *A History of Western Education* Vol. 2, London: Methuen, 1975, p. 103.
② 关于大学理念的更详细论述,参见张灿辉《通识教育与大学理念》,载黎志添、刘国英、张灿辉等编《在求真的道路上》,中华书局(香港)有限公司,2003,第265~281页。

的主流思想更多是源于洪堡,而不是纽曼。纽曼所推崇的是绅士教育所蕴含的精英主义,在这一点上,他遭到倡导大学教育民主化的人士的严厉批评。大学应该对所有人开放,而不应成为某一阶级的特权。

当然,在当今世界,关于大学的含义和宗旨的争论仍然十分活跃。我所谈论的与唐君毅思想有关的通识教育,与香港和中国内地的变化有关。中国文化危机的紧迫性已不再是讨论的焦点。离开中国大陆的那些学者已经成为历史人物。他们对大学人文教育的关注在很大程度上被忽视了。尽管每年大学手册上仍然印着《新亚书院学规》,但我很怀疑,谁会认真阅读和学习这些规章制度呢?它们只不过是旧日理想主义的印迹罢了。

那么,大学的含义到底是什么呢?通识教育又扮演着什么样的角色呢?唐君毅的思想和我们目前的大学教育还有关联吗?

当今香港大学教育的危机

2002年,大学教育资助委员会的报告《香港高等教育》明确指出,高等教育的主要目的是确保香港的经济发展。该报告认识到知识经济必然会到来,并论述如下:"它正是香港未来经济发展的关键所在。香港只有凭借受过优良教育而且具备必需技能的劳动力,才可成功建立'知识经济'。作为举世知名的先进城市,香港非但适合而且必须建立知识经济。"①

数年前,前港英政府在高等教育的目的上就有所筹谋,上述陈述其实只是对此的重复及强化。当时香港大学及理工教育资助委员会(UPGC)曾在报告中说明:"在香港投资发展达到世界水平的高等教育院校,以及院校所提供的机会,特别是诸如技术转移的机会,亦肯定会对内地带来裨益。"②

促进香港和整个中国的经济繁荣是香港大学教育的重要目标。因此我们就能看到,报告所提建议主要是围绕重新分配高等教育资金、加强治理和管理。总之,大学的意义在于它的功能价值和市场价值。所以,大学课程的专业化(professionalization)、

---

① 宋达能(Stewart R. Sutherland):《香港高等教育:大学教育资助委员会报告》,香港:大学教育资助委员会,2002,第4页。
② 香港大学及理工教育资助委员会:《高等教育1991-2001:内部报告》,1993,第9页。

专门化（specialization）和职业化（vocationalism），以及行政机构的部门化都与这一目标完美契合。学生在特定的知识领域接受培训，以便根据社会的需求提供服务，如会计、教育、工程、医学或法律等；而教授则应为学生提供他们所需的最新知识和技能。他们的研究活动也应限于这些职能。简而言之：大学是一个机构，它通过教授的教学和研究，致力于保存、传播和发展知识，以服务于社会的需要。[1]

当今，大学的功能性及专业性作用都已被视为必然。当前对院校着重开展量和质的控制，是为了确保它们能够进行最优化产出，以应对社会所谓"知识型经济"的挑战。的确，大学教育是一项最昂贵的投资，因此对成本/收益回报的需求被认为是完全合理和正当的。然而这正是杰克逊·里尔斯

---

[1] 香港中文大学的使命和愿景准确地表达了这个理念："我们的使命：在各个学科领域，全面综合地进行教学与研究，提供公共服务，致力于保存、创造、应用及传播知识，以满足香港、全中国，以至世界各地人民的需要，并为人类的福祉作出贡献。我们的愿景：努力成为香港、全中国及国际公认的第一流研究型综合大学，并使我校建立于双语及跨文化传统的学生教育、学术成果及社会贡献，均保持在卓越水平。"《香港中文大学 2004–2005 校历》，香港中文大学，2004，第 iii 页。

(Jackson Lears)所说的对"学院的学术自由"之最大威胁。他说:"受市场推动的管理模式给大学带来最大威胁,这其中就包括:以效率及产量这类数量标准来衡量大学表现,将知识看成商品,将求学的公开场所变成企业化的研究实验室和职业训练中心。"[1]

以商业机构模式营运大学、将传道授业视为产品,是现时高等教育政策中隐匿的商业主义的两大体现。如果商业本位就是大学的宗旨与理想,那我们还需谈什么大学理念?如果知识经济是我们不可避免的困境,那么把追求知识而非一心图利作为学习的目标又有什么意义呢?是否还有必要推广博大的、非专门的、显然毫无用处的通识教育?

我不认为重商主义和功利主义是错误的。我同意功利主义对大学的要求。但我相信,大学教育不仅仅是重商主义。大学不应该仅仅是一个赤裸裸的服务行业。当然,我们的世界在20世纪发生了翻天覆地的变化。现代大学面临着不同的挑战——大众

---

[1] Jackson Lears, "The Radicalism of Tradition: Teaching the Liberal Arts in a Managerial Age," *Hedgehog Review*, No. 2 (2002): 8.

化、职业化、全球化、国际化，这些都是当今世界才有的问题。因此，"大学"的意义也应该改变。高等教育应该满足社会的需求已经成为共识。

对于当前的形势，我可能过于言简意赅和言过其实了。但我很担心大学的古典意义已经完全泯灭，书院的精神也完全没有人再讨论了。事实上，传统大学的精英理念在20世纪已经世俗化，被大学的大众理念所取代。崇尚知识本身的求学几近消亡，尽管这曾经是大学的传统使命。虽然谈论大学的意义和理想显得过于天真或浪漫，但为了重新审视教与学的意义，仍有必要再次回顾大学的理念。我相信，对大学、人文、通识教育、教学和学习理念的哲学反思和历史反思，一定不是徒劳的脑力劳动。

人文教育的理念

人文教育的理念起源于典型的西方文化传统。人文教育植根于古希腊的 paideia（教化），此后又衍生于拉丁文 humanitas（人文），并由文艺复兴时期的人文学者进一步融合为 studia humanitatis（人文学科）。人文教育一直是人类及教育课程之理想。

studia humanitatis 的宗旨是将个人教育成为自由的人和良善的公民。简而言之，人文教育的理念与西方文化历史和教育理想紧密相连。另外，中文的"人文"一词出自《易经》，后来成为儒家的教育理想。"观乎天文，以察时变；观乎人文，以化成天下。"这里提到的人类活动并不是简单的人类活动，而是指一种特殊的道德行为。唐君毅先生说："于人文二字中，重'人'过于重其所表现于外之礼乐之仪'文'，而要人先自觉人之所以成为人之内心之德，使人自身先堪为礼乐之仪文所依之质地。"[1] 这与儒家传统的主要教育原则是相通的，儒家的教育目标就是完善人的德行，并使其扩充于整个世界。

唐君毅撰写了很多有关中西方人文传统及其与教育的关系的文章。他主要关注知识分类的哲学正当性和人类在知识王国中的地位问题。他写的人文学术、社会科学和自然科学之间区别的文章，大概是关于这个问题的唯一的中文文章。唐君毅认为，所有的知识分支都源于人的主体性。人文学术与其

---

[1] 唐君毅：《中国人文精神之发展》，学生书局，1974，第21页。

他学科的区别并不在于研究的主题不同。从某种意义上说,所有的实证科学(如学科)是相互蕴含的。以历史学为例,没有人会否认,所有的知识本质上都是历史性的。用语言符号的文本表达出来的物理学知识是一种历史文本。区别在于人类看待世界的方式不同。唐君毅说:

> 自然科学与社会科学及人文学术之不同,我们可说依于人之看世界,主要有三种态度或三种观点。一为把事物作为离开或外在于我之为人之主观的行为与精神,而自己存在者来看,由此而有自然科学。二为视我为人群中之一分子,而把我之主观精神与行为,客观化为人群中之一分子的精神与行为,而看此人群中之各分子之精神与行为,如何互相关系影响,以结成此人群之社会,由此而有社会科学。三为把我之主观精神与行为,以及其所对之自然社会之事物,皆摄入于我们之主体的精神与心灵之"自觉的回顾反省,或自己对自己之反应,自己对自己之感通,自己对自己之行为中"去

看,由此而有人文学术。①

因为我的主要关注点是唐君毅的人文思想,这里就不具体阐述他关于自然科学和社会科学区别的论述。唐君毅先生认为,人文学术有三个主题:事、情、理。"事"指的是人对自然和社会的经验,它们本身不是物质,但作为记忆沉淀在人的意识中。这些事的记忆可以用语言符号的形式来重现,如果按照客观的时间顺序来回忆和重现,它们就是历史事件。另外,人们可以对这些"事"产生自己的"情",从而这些"事"就可以进一步从它们各自的客观时间顺序中分离出来,并以一种特殊的语言形式表达出来。这就是文学的起源。而人如果反思这些事件和情感的原因和意义,就应该关注与这些事和情相关的原则("理")。反思这些原则就是哲学的任务。此外,事、情和理是相互产生的。事件的原则产生了哲学;而这种哲学反过来又成了一件可以成为哲学史主题的事件;最后,历史的原则可以

---

① 唐君毅:《中华人文与当今世界》,学生书局,1975,第185~186页。

从哲学的角度来理解,这就是历史哲学。

唐君毅的文章比我上述的概述复杂得多,他的语言有时颇为晦涩。对本文来说,理解他的人文思想的基本原则也许就足够了。唐君毅想要对中国古典人文学科——文学、历史和哲学进行哲学的解释,它们相互联系,形成一个研究体。这三门中没有哪一门人文学科能够真正成为独立的学科,因为都要借鉴其他两门的研究。人文学科的基础在于人的主体性和反思活动。与此同时,人文学科与其他学科之间有着密切的联系。在另一篇文章中,唐君毅试图证明所有的知识都植根于人类的存在。① 他断言,任何知识都不能脱离人类而独立存在。这显然是一种对知识的人文主义解释,即人文学科优先于所有其他领域的知识。

唐君毅认为,人的存在价值在知识中的首要地位,很好地解释了当今世界学术研究的割裂和异化现象。对知识的追求不可能是价值中立的。唐君毅反对亚里士多德的知识本位思想,提倡寓人文教育

---

① 唐君毅:《人的学问与人的存在》,《中华人文与当今世界》,学生书局,1975,第65~109页。

于通识教育和专门教育之中。事实上,"通识"在这里的意思是"全面"。1950年新亚书院的使命如下:

> 惟有人文主义的教育,可以药救近来教育风气,专为谋个人职业而求智识,以及博士式学究式的专为智识而求智识之狭义的目标之流弊。本于上述旨趣,本书院一切课程,主在先重通识,再求专长。首先注重文字工具之基本训练,再及一般的人生文化课目,为学者先立一通博之基础,然后再各就其才性所近,指导以进而修习各种专门智识与专门技术之途径与方法。务使学者真切认识自己之专门所长在整个学术整个人生中之地位与意义,以药近来大学教育严格分院分系分科直线上进、各不相关、支离破碎之流弊。①

这段话发表于大约50年前,虽然这并不是唐君

---

① 钱穆:《新亚遗铎》,东大图书公司,1989,第3~4页。

毅先生说的，但它仍然和我们当今的大学教育相关。这里没有提及"通识教育"的概念，因为在那个时代这个概念还很少见。但它能否起到"通识教育"的作用取决于对这个词的含义的理解。

通识教育的理念

芝加哥大学通识教育项目的设计者罗伯特·哈钦斯（Robert Hutchins）把通识教育称为"基础概念的共同蓄积"，是每所大学所必须有的。他说："除非学生与教授（特别是教授）接受共同的知识训练，否则一所大学就只是由一系列互不相关的学院和院系组成，而它们之间只有一个共同点——一样的校长和董事会。"① 因此，通识教育就是学生和教授共有的知识和思想基础。

通识教育是当代美国大学所发明的产物，以往及至现今的欧洲大学皆无类似课程。另外，始终没有证据证明，设有通识教育的大学质量高于没有通识教育的大学，通识教育的意义与内容仍未被学者

---

① Robert Maynard Hutchins, *The Higher Learning in America*, New Brunswick, N.J.: Transaction, 1995, p.59.

及教育工作者完全认同。① 尽管如此，美国各大学成立通识教育项目实有一共同原因。各种不同的通识教育课程，如哥伦比亚大学及哈佛大学的"核心课程"（Core Curriculum）、芝加哥大学的"通识教育课程"（General Education Programme），皆是针对第二次世界大战后，这几所大学的本科课程过度专门化及专业化的问题。专门化让学生思想褊狭武断，专业化则只着重知识的功用性价值。思想狭隘的专业人士，可能会在其专业范畴获得成功，却永不能成为真正受过教育的有文化的人。这就是传统的教化（paideia）及人文（humanitas）观念的不断复现——人成为专业人士之前，必先受教成为人。从这方面来看，通识教育其实是人文教育传统的延续。

从这个意义上说，唐君毅和新亚书院的创始人与西方学者在人文教育和通识教育上有着共同的理念。唐君毅所提倡的人文教育与哥伦比亚大学的人

---

① Ernst L. Boyer and Arthur Levine, *A Quest for Common Learning: The Aims of General Education*, Stanford, Calif.: Carnegie Foundation for the Advancement of Teaching, 1981, 特别是附录 A《通识教育的不同目标》("Historical Purposes of General Education") 列出了 50 个不同的目标。

文教育、芝加哥大学和哈佛大学的通识教育有异曲同工之妙。

人文教育和通识教育

本文的目的在于揭示唐君毅的思想与当前香港中文大学通识教育课程重建之间的联系。香港中文大学课程重建是因为该校近10年来通识教育出现的"蚁穴"。参与通识教育的学院中有近40个学院开设了总共200多门课程,整个课程体系缺乏方向性和合理性。教授和学生必须教和学这些课程,却不知道为什么要教、学这些课程。因此,通识教育有时被认为是专业学习的无用附属物。正是缺乏连贯的结构和完善的管理体系,最终导致了对通识教育的全面的审查。

本文第一部分提到的四个通识课程范畴,目的是要把人文教育带回大学的课程里。与其他本地或美国大学不同,香港中文大学的课程并非根据学科划分范畴,而是让不同的学术科目皆能保持各自独立性。但通识教育(studium generale)的正统意义,是让众多学者与学生在一个社群里传道授业及学习。"通识"的 general 不是指"普通的",而是"全部的"和"共同的",故此通识教育的意义,其实是整个大学给予所有学生的共同教育。通识教育的模式,并非让学生从每个学科去选择,而是由该学科的教授为来自其他学系的学生设计并不需要任何先修知识的课程。基于唐君毅的人文学术教育理念,我们针对人类存在的最基本智力关切构建了四个领域——我们必须了解自己的文化传统、与自然环境的关系、与社会的关系、发掘自我,以成为有能力自觉及反省的人。这四个领域是:

(1) 文化传承:要求学生对中国博大精深的文化有基本认识,更要对中国文明的主要特色有全面的了解。课程的设计让学生从多个角度进入中国文化,从历史、社会、学术等角度,学会欣赏及评价自己的文化传统。

(2) 自然、科技与环境:课程应该引导学生理解自然、科学和技术,我们是如何作为自然的一部分的,人类活动对环境的影响,科学及技术对生命和社会的影响,以及这些对人类未来的影响。

（3）社会与文化：课程应教导学生有关于人类社会及文化的形成、社会文化的普遍性及多样性等知识；此外，亦为学生介绍研究社会、政治、经济和文化问题的理论和方法。

（4）自我与人文：反省他人与自己的关系，让学生探讨人类生命各种价值和意义；透过人文学术、思考方法等相关学科的研习，启迪学生思考人生的意义、方向、价值、目的等问题，从而加深对自己的了解。①

虽然唐君毅从未提出过这样的通识教育思想，但我们希望这个新的通识教育项目能够真正秉承他的人文教育理念，这样才能使新亚书院原有的精神在我们的大学课程中得到复兴并成为肌理。

---

① 通识教育课程检讨委员会"通识教育课程检讨委员会报告书"第 4 章第 1 页的文本。

英语在全球教育中的过度主导地位:
全球化的本土应对[*]

关子尹[**]

在人类历史的进程中,语言扮演了非常重要的角色。从智力上讲,语言是人类智力活动的核心。它塑造了人类的意识和文化,是个体表达和人际交往的手段。语言作为一种社会制度,它既可以促进

---

[*] 本文是关子尹参加夏威夷大学举办的第九届东西方哲学会议(East-West Philosophers' Conference, 2005 年 5 月 29 日至 6 月 10 日)"教育及其目的——不同文化间的哲学对话"(Educations and Their Purposes: A Philosophical Dialogue Among Cultures)时的会议论文的删节版。经会议召集人安乐哲(Roger Ames)教授的同意,我们将本篇文章纳入此书。同样经安乐哲教授授权,这篇会议论文的原版将被收入现象学组织出版的 *Phenomenology* (2005) 电子版书中。原版论文对莱布尼兹关于他那个时代德语状况的思考进行了更详细的讨论,注释也更丰富。

[**] 关子尹,香港中文大学哲学系教授暨前系主任,现象学与当代哲学资料中心主任,人文电算研究中心主任。

统一、融合,又可以导致分裂、隔离。

语言与一个民族的特性和团结紧密相关,它是文化传统的主题和载体。另外,不同语言之间彼此竞争,可能成为冲突的根源。在全球化时代,随着英语崛起成为一种真正的国际性语言,语言的这些方面变得比以往任何时候都更加复杂。

回顾历史,人类见证了多种通用语言的兴衰,它们曾经在不同时代、不同地域盛极一时。举几个最具代表性的例子:在西方,古希腊罗马时期的古希腊语,中世纪的拉丁语,近代的法语,在某种程度上还包括德语,它们都曾起到过通用语的作用;在东方,汉语尤其是它的书面语也曾一枝独秀;在非洲,有斯瓦希里语;在南美洲,有盖丘亚语和西班牙语。它们都在当时的社会舞台上活跃过。然而,就范围和影响而言,英语已毫无疑义地成为第一种实质上的全球性通用语言。[1] 它不仅在地理意义上做到了覆盖"全球",而且我们现在所说的全球化也早已离不开它的传播。正是基于这个原因,语言

---

[1] David Crystal, *English as a Global Language*, 2nd. ed., Cambridge: Cambridge University Press, 2003.

人权研究领域的两位著名学者菲利普森(Robert Philipson)和斯库纳布-坎加斯(Tove Skutnabb-Kangas)创造了"英语化"(Englishisation)一词,他们将其定义为"全球化的一个维度"。[1]

从实用角度看,世界一直需要一门通用语言。事实上,通用语这个术语最初指的是中世纪欧洲人发明的法兰克语。当时在地中海地区和整个中东,不同民族需要一种可以"自由"地使用的共同语言,以促进多边贸易、外交和一定程度的学术交流。在全球化的今天,渴望国际交流的迫切性达到了前所未有的程度。在各种世界或区域经济峰会、联合国或教科文组织等组织的会议,以及在全球各地每天举行的众多国际学术会议中,英语的通用性满足了这种需求。如今,世界各国,无论涉及哪行哪业,但凡想屹立于世界之林,不被国际社会边缘化,都不可小觑英语的重要性。

---

[1] Robert Philipson and Tove Skutnabb-Kangas, "Englishisation: One Dimension of Globalisation," in David Graddol and Ulrike H. Meinhof (eds.), *English in a Changing World*, London: AILA, 1999, pp. 19-36.

主导与过度主导

随着英语作为国际性语言的兴起,"语言就是力量"这句耳熟能详的话被赋予了新的含义。像历史上的古希腊语、拉丁语等许多通用语一样,英语所拥有的影响力背后是英语国家强大的军事和经济实力。英语的影响力对社会地位也有很大的映射作用。无论我们喜欢与否,在许多国家,英语的熟练程度不仅彰显一个人的实际能力,而且也是衡量其社会声望的尺度,也就是布迪厄所描述的"文化资本"。[1] 最后,英语的影响力得到大大增强是因为它成为新知识最重要的载体,[2] 也正是因此,英语的

---

[1] Pierre Bourdieu, *Language and Smbolic Power*, trans. Gino Raymond and Matthew Adamson, Cambridge: Polity Press, 1991, p. 61; 也可参见 Pierre Bourdicu, "The Forms of Capital," in J. Richardson (ed.), *Handbook of Theory and Research for the Sociology of Education*, New York: Greenwood Press, 1986, pp. 241-258。

[2] 参见 角田実, "Les langues internationales dans les publications scientifiques et techniques," *Sophia Linguistica* 13: 144 – 155; 参见 Ulrich Ammon, *Ist Deutsch noch intenatinale Wissenschaftssprache?*, Berlin: Mouton de Gruyter, 2001, pp. 343 – 362, 特别是第 344、346 页。

主导地位对全球教育构成了挑战。任谁想获得充分的资讯，想要在全球范围被他人所知，都无一例外地意识到用英文获取信息及出版作品的必要性。

在当今，英语的主导地位是个不争的事实，然而我们却不得不面对随之而来的挑战——英语过度主导的问题。我所说的过度，是以牺牲母语为代价来过分突出英语的地位，进而将势单力薄的母语逼上自绝之路。虽然英语在各语言社群的主导地位是外因所致，但过度主导则在很大程度上是祸起萧墙，源于人们对自己母语的不管不顾、妄自菲薄，并最终导致母语越来越式微。在教育方面，英语占据主导地位导致了严重的后果：母语被"挤出"① 学校课程和高等教育。这种情况在当今世界各地并不罕见。

我们需要区分主导和过度主导是因为它们会引

---

① 我从 Richard J. Alexander 的文章《全球语言受压制，但也正在摆脱束缚：英语的辩证法》（"Global Languages Oppress But Are Liberating, Too: The Dialectics of English"）中借用了这种说法，参见 Christian Mair（ed.）, *The Politics of English as a World Language New Horizons in Postcolonial Cultural Studies*, Amsterdam: Rodopi, 2003, p.91。

起人们不同的反应。由于全球化,英语的主导地位带来一个残酷的事实,一些国家从中获利,分得一杯羹,而另一些国家则不得不忍气吞声,无奈受之主导。这是一个全球性问题,任何一个国家都无法以一己之力将其拒之门外。但对本国语言造成威胁的英语过度主导问题与一国国内的语言政策或态度密不可分。各个语言社群的成员,政府决策者、大学行政人员、普罗大众都可以直接对它们施加影响,从而控制英语过度主导现象。本文旨在抛砖引玉,引发人们对这一问题进行深思并提出建设性的对策。

德语四个世纪的历程

为了阐明过度主导这一问题所带来的深远影响,我们来看看德国人的经历。说到影响力,可能在整个19世纪,德语都处于鼎盛时期,在第一次世界大战前夕更是达到了空前绝后的地位。在那时,从天体物理学到艺术史,从数学到社会学,从经济学到哲学等学科,德语都是最重要的学术语言。然而在这全盛期前后,情况是截然不同的。

在德语悠久的历史长河中,它也曾被世界各国和自己国家的人大大轻视,比如在莱布尼兹和巴赫的时代。一个典型的例子是腓特烈大帝的故事,当他接见巴赫时,他试图用法语和他交谈。另外一个故事说伏尔泰在普鲁士宫廷里毫无语言障碍,过得非常舒适自在,大概因为"宾至如归"的缘故,他写信告诉亲朋好友说:"我简直就像在法国,这里的人们只说我们的话,德语只是用来对士兵和马匹说的。"这种"谄媚法语"的狂热绝非只弥漫在德国的皇亲贵胄之中。据德国著名历史学家彼得·冯·波伦茨(Peter von Polenz)所说,在17世纪和18世纪之交,稍微富足的中产阶级家庭普遍存在一种风气,就是让孩子们与父母和同伴都讲法语。至于德语,只限于和下人如帮佣或女仆沟通时使用。[①] 当时的学术界,德语的地位更是低下。我们只需回顾一下莱布尼兹的作品即可知晓。这位17~18世纪德国历史上少见的通才,其大部分著

[①] Peter von Polenz, *Geschichte der deutschen Sprache*, Berlin: de Gruyter, 1977, p.108.

作都是用当时流行的两门通用语——拉丁语或法语写的。

然而莱布尼兹本人确实写过几篇德文论文,有趣的是,其中两篇还恰好是讨论德语作为学术语言的前景。这两篇论文的标题如下。①

(1)《关于德语运用与改善的一些不合时宜的思想》(1697/1704/1709)。

(2)《向德意志国民劝诫,着其更妥善地运用其理解和语言,并附带提出构建一个德语思维社会的建议》(1682/1683)。

在这两篇文章以及相关的信函中,莱布尼兹提出两个有关德语运用的重要理念,即关注德语运用和构建德语思维社会。关注语言发展和规划语言发展这两个概念有着相似的内涵。这两个概念都提倡人们应该采取措施,促使母语蓬勃发展。然而二者又不尽相同,后者或多或少关乎当局政策,而前者则主要与国民振兴母语责任意识有关。那么莱布尼

---

① 这两篇文章可以参见 G. W. F. Leibniz, *Unvorgreifliche Gedanken, betreffend die Ausübung und Verbesserung der deutschen Sprache* (zwei Aufsatze), ed. Uwe Pörksen, Stuttgart: Reclam, 1983.

兹提议的构建德语思维①社会就是指需要关注德语②运用,通过国民积极使用本国语言促使德语朝气蓬勃地发展。

莱布尼兹认为,德语的优势是它在形容可感知的具体事物及工艺技术方面如冶金、采矿等有着丰富的词汇,但在情感表达及逻辑、形而上学中出现的微观抽象认知表达这两个特定领域上词汇贫瘠。换言之,他认为德语在文学和哲学领域薄弱。③

对于今天的德国文化崇拜者来说,莱布尼兹的这一论断着实让人费解。事实上,近观德语的历史,我们不难发现,在莱布尼兹所处时代之前,德语恰恰是在文学和哲学两个领域表现不俗。德国有着悠

---

① 我们必须谨慎理解"德语思维"这个表达,因为在莱布尼兹所处时代的前后时期,它都带有很强烈的民族主义色彩,这在很大程度上不符合莱布尼兹的世界观。
② 这段拉丁文表达可以在莱布尼兹写给朋友格哈德·迈耶(Gerhard Meier)的一封信里看到,信中他提到了自己的德语论文《关于德语运用与改善的一些不合时宜的思想》("Unvorgreifliche Gedanken...."),可译为《我的一篇简短的关于德语作育的偶作》("dissertationunculam meam extemporaneam de linguae Germ. Cura")。 *Unvorgreifliche Gedanken*, p.79.
③ *Unvorgreifliche Gedanken*, p.10.

久的人文传统,从中世纪和巴洛克时期的诗歌可见一斑。另外,那个时期的德国哲学家和神秘主义者也有着不错的表现。这两方面平分秋色,不分伯仲。① 因此莱布尼兹对德语的评价可以说是他把自己国家丰厚的德语传统看得太轻了。像他这样严谨的学者尚且会有如此偏颇的认识,更不要说那些普罗大众了。他们势必已经对自己的母语失去信心,放弃了对它的关注与呵护,甚至可能忘了本国语言曾经拥有的璀璨历史和独特魅力。不管怎样,莱布尼兹提出关注德语运用、构建德语思维社会的构想,为德语的复兴创造了可能性。

在莱布尼兹发布"劝诫"后的100年内,德语终于在文学和哲学方面再度大放异彩。在歌德、席勒等文人,康德、黑格尔等哲学家孜孜不倦的努力下,德语收复失地,重获话语权,成为近代欧洲最强最具有张力的学术语言之一。

历经第二个一百年的发展,在第一次世界大战

---

① 想要更全面了解德语早期发展情况,请参见关子尹《莱布尼兹与现代德语之沧桑——兼论"语文作育"与民族语言命运问题》,《同济大学学报(社会科学版)》2005年第1期,第1~11页。

前夕，德语迎来了前所未有的辉煌。但在两次世界大战之间，随着英语的快速崛起，德语的影响力受到了极大的削弱。二战时期及战后，由于德国纳粹惨绝人寰的可耻行径，德语受到了牵连，其影响力进一步弱化。[①] 回顾当年莱布尼兹面对的政治文化处境，置于今日德国的视野下观察，历史呈现惊人的相似。首先，从1618年到1648年，神圣罗马帝国历经30年之久的战乱，此后50年里一蹶不振，从前盛况不再。二战惨败的德国，其现状亦是如此，国力遭受严重耗损。其次，三十年战争让地处德国西部的法国成了大赢家，占据了欧洲领先地位，因此莱布尼兹时代的德国深受法语的影响。如今德国再次感受到西方势力的来袭，不同的是，这次刮起的"西风"不是来自近邻法国，而是远在大西洋彼岸的美国。随着英语的崛起，准确地说是美式英语的兴起，曾经让莱布尼兹忧心忡忡的德语前景似乎又在给德国人敲响警钟。

---

① 这个问题可参见 George Steiner, "The Hollow Miracle," in George Steiner (ed.), *Language and Silence: Essays on Language, Literature, and the Inhuman*, New York: Atheneum, 1967, pp. 101–109。

2001年6月24日,37名德国大学教授就英语锐不可当的压力下德语作为一种学术文化语言的前途问题,联名给全国16个州的文化部、科学部、教育部写了一封公开信。[①] 该信的标题是"将德语作为国家学术语言加以保护与发展"。在信中,他们提请大家注意德语在本土使用中的两项发展趋势。第一,越来越多在德国召开的国际会议将英语指定为唯一的官方语言,甚至在一些以德国民众为主要目标受众的情况下,德语仍不被列为会议官方语言。第二,德国越来越多的学术出版物只接受英语,甚至许多大学基础课程用英文而不是用德文开设。鉴于这一问题的严重性,他们发出了一个振聋发聩的声明:"我们共三十七位,来自各种不同领域的联署者,目睹德语将要被英语摒于德国各州的学术事业之外这一危机。现特函请阁下正视有关问题,就是我们学术上赖以思维和社会上赖以传播知识的那一原始的语言基础将会于五

---

① 该联名信由 Dieter、Simonis 及 Vilmar 3 名教授首先发起,其后再有34名教授参加联署,其中包括人文、自然科学、社会科学、技术等各领域之代表。联名信于2001年6月24日发出,其后即引起了一波又一波的讨论。

至十年内丧失。兹事体大,亦关乎德意志为独立民族之学术研究。"为了防范这种危机,联署者向当局提出若干措施:(1)建议效仿法国,采取政治措施,指定德语、英语共为在德国召开国际会议的官方语言;(2)建议国家拨款,把各种研究成果整理后译为德文,方便公众查阅;(3)建议大学本科课程使用德文教材,确保德文教材不被忽视,不被打压,不被英文替代。

回想德语在歌德、康德时代之光芒,很难想象如今它竟败落到这步田地。套用莱布尼兹的话来理解这封信,我们所看到的不外乎德国人自己放弃了对德语的关注,可对母语的关注恰恰是应当再度被重视的。那么,如果没有采纳这些建议又当如何呢?当然,有这么多人说德语,德语是不会轻易消亡的。但是,正如信中所言,对于德国来说,如果高等教育最后培养出的全是孤立的精英,他们与社会其他阶层割断关系,再也不能以母语德语从事学术撰写,不能用德语讨论、沟通甚至思考,那么德语在学术思想领域中将再无翻身之日。还有什么比这更糟的呢?①

应当如何应对英语的过度主导呢?

上述德语影响力由强到弱的历史,让我们清楚地看到英语全球化会给其他国家的母语造成怎样的冲击。以史为鉴,我将深入思考相关问题,希望能够发现问题,澄清事实,以便世界各国遇到相似问题可以鉴前毖后,少走弯路。在论证一个具有现实意义的观点时,我作为一个中国人,有时难免会从"中文"的角度去思考问题。这是很有必要的。因为种种迹象表明,中国内地和香港的主要大学已经或正在考虑修订有利于英文的语言政策。我不希望我的这个角度,给大家带来隔岸观火的错觉。毕竟

---

① 同样的情形也适用于丹麦,这是欧洲"英语化"程度最高的国家之一。罗伯特·菲利普森、斯库纳布-坎加斯报告说,丹麦一家重要的国家百科全书出版社总编辑写道,一些自然科学的卓越贡献者无法用丹麦语向丹麦读者传达他们的学识。参见 Robert Philipson and Tove Skutnabb-Kangas, "Englishisation: One Dimension of Globalisation," in David Graddol and Ulrike H. Meinhof (eds.), *English in a Changing World*, London: AILA, 1999, p. 28。

这不仅是汉语要面对的挑战，而且是各国母语都要面临的冲击。鉴于这一冲击波具有全球性，以及其影响力今后势必加强的趋势，我认为目前进行一些普遍性的思考还算为时不晚。

第一，英语是融入国际社会的必要纽带。经过几十年的与世隔绝，中国的开放对中国人及其潜在的合作伙伴具有不言而喻的重要性。那些懂英语的、能与外国人交流合作的中国人，拥有大把的发展机会。也难怪英语顺理成章地被认为是对外发展的先决条件，这极大地激发了广大中国人学习英语的热情。很明显，在未来这种热情还将持续高涨。作为传播新知识最重要的载体，英语除了带来可观的经济利益外，习得英语对中国的教育发展也有重大意义。对于中国大多数专业的学习者来说，掌握英语比掌握其他任何一门外语的投入回报比更高。从长远来看，英语的引进会让广大中国人受益匪浅。他们通过学习外语，提高理性认识，从多角度描述、表达、感知事物。利用正确方法，熟练地掌握一门外语可以促进我们形成更灵活更自由的思维。这种思维有助于我们批判性地欣赏本土文化，取其精华，去其糟粕。就如歌德所言:"一个人不懂外语,便也不懂其母语"。① 随着跨文化交流的日益频繁,我们首先应当用积极的眼光看待中国进一步重视英语的意义,其次还要认识到它可以促进中国的招商引资。因此,对于包括中国在内的世界上的任何一个国家,开发利用像英语这样的全球化语言显然和国家利益戚戚相关。

第二,世界需要一门国际性语言。从更加国际化的视野来看,一门全球通用的语言对我们所处的全球化世界来说,无疑具有很高的实用价值。正因为如此,我才发现像帝国主义这类表达太过激了,它很容易让我们沉溺于历史的积怨中,从而忽视了一体化语言在国际化的当下可能发挥的众多积极作用。英语在诸如国际法和人权、国际援助与外交赦免、学术交流、紧急医疗咨询、跨文化理解、宗教对话等领域,取代法语、德语、世界语,发挥着主

---

① 德语原文是:"Wer fremde Sprachen nicht kennt, weiss nichts von seiner eigenen." 参见 Johann Wolfgang von Goethe, "Maximen und Reflexionen," in *Werke* [Berliner Ausgabe] [Berlin: Aufbau, 1960], Vol. 18, p. 492。还可以参见鲁德亚德·吉卜林 (Rudyard Kipling) 一句类似的格言:"只知道英国的人,怎么能知道真正的英国呢?"

导的作用。我们应当承认并接受这一事实,更不能因此抵制英语,因为那样会有损个别民族国家和国际社会的利益。总之,尽管我持批判的立场撰写本文,我仍坚持,任何国家包括中国,不应当削弱像英语这种全球性语言的重要性。问题是各个国家怎么才能一边兼容并包使用英语,一边防止其喧宾夺主。

第三,对待英语应采用优化外语的策略,而不是将其母语化。在处理语言问题时,有一条关键法则——正视语言现实。在任何一个人类社会,母语的习得毋庸置疑是最重要的语言现实,也是一切合理正确的语言政策的出发点。虽然从文化和政治层面上看,学习英语并受其同化是必然的,但一个民族国家对英语教育应该秉持什么态度或执行什么策略,仍是一个值得商榷的问题。一个国家制定英语教育策略时,应把它放在母语政策里加以考虑,要注意它只属于一般语言策略的范畴。根据这一原则,我们可以从概念上区分对待英语的两种策略。一种是优化外语(optimized foreign language,OFL);另一种是母语化(emulated native language,ENL)。在此有必要加以解释。

所谓"优化外语",是指在充分重视母语素养(MTL)或发展母语的同时,利用一切可能的资源和方法,加强英语作为外语的地位。当然,执行优化外语策略也非易事,特别是对于那些语言类型异于英语的国家,譬如中国。这种情形下谈优化英语学习,属于二外教学(TESL/TEFL)的研究课题,本文不加以讨论。我们需要强调的是一个国家投入资源推广英语,必须与夯实母语教育齐肩并进。如果无法做到这点,这种策略就不再是优化外语,而变成了英语母语化。

所谓"母语化",就是把英语当成母语来对待,并极大地弱化母语。之所以这样定义英语母语化,是因为它罔顾语言现实去假定如果有足够的资源,人们就可以像学习母语那样习得英语。但是要置身于真实语境,充分接触使用英语,学习者需付出高昂的代价。[①] 除了金钱,人们还得疏离母语,久之

---

① 受之前殖民统治的影响,香港的英语教学政策数十年来一直表现出强烈的母语化倾向,大量所谓英文中学的出现就是绝佳证明。香港有超过95%的华人人口,这种语言生态环境对在本地推行英语母语化策略自然是不利的。

可能会犯"母语失语症",影响自身智力发展,学习效果有限。考虑到这些,英语母语化没有现实可行性。联系之前提到的莱布尼兹的观点,我们不难发现,两者之间的区别在于人们对语言关注持有不同的态度。

相比后者不切实际的想法,前者更具有可行性。为了成功执行优化外语策略,必须充分考虑多方面问题:除了上述二外教学研究外,我们可能还要考虑在培养母语素养的基本方案中,纳入优化后的英语课程。还要考虑在不同的教育阶段,如何充分利用教育技术实施优化外语策略等。

第四,大学课程的教学方法。对于非英语国家的大学教育来说,多召开英语会议、英语专题讨论、英语讲座以及开设英文课程,创设真实情景,对学生学习英语无疑是大有裨益的。多引进英文教学固然是好事,但如果完全或部分用英文来教学,危及母语作为学术语言的地位,就又是另一回事了。我们必须明确大学讲台对任何一个民族来说,都是语言关注的主战场。大学讲台是教师从事科研,整合智力成果,闯出新天地的场所。最重要的是,大学教学肩负着传承民族文化传统、分享学术成果、传播知识及培育价值观的使命。因此，用母语教学是语言关注的重要保障。如果放弃这一阵地，我们的文化和教育将遭受不可估量的损失，这是任何一个民族都无力承受的。

一些人可能会驳斥说，在欧洲，除德国外还有很多国家，比如荷兰和一些北欧国家，它们更早开始使用英语代替母语进行大学教学，而且英语的使用更加深入。我们不能忽略这一事实，它们的人口比德国或中国少得多，这使他们别无选择。① 众所周知，上述几个国家精通英语的人们更愿意把英语作为第二语言来使用。一些人甚至认为，对这些民族来说，与其说英语是一门第二语言，不如说是第二母语。但是他们付出了高昂的代价才换来英语的普遍成功。我们明显地看到，至少在学术上，荷兰语、挪威语、丹麦语这些民族语言无一例外地长期

---

① 2005年，丹麦、挪威、瑞典和荷兰的人口分别为543万、462万、904万和1630万，而德国和中国的人口分别为8269万和13.2亿。参见联合国《世界人口展望：2004年更新的人口数据》，http://esa.un.org/unpp/p2k0data.asp。据中国国家统计局数据，2005年中国总人口是13.0756亿。——译者注

被英语主宰。① 近些年,中国的高校越来越倾向于在教学活动中使用更多的英文,这些安排目前尚属合理,但往前走,我们应该如何把握这个度?

第五,推行语言关注是整个语言社群成员,特别是学术界学者们义不容辞的责任。德国哲学家赫尔德认为,一种语言如果要健康地发展,必须有一群高素质的语言使用者与之相伴随。② 在任何一个国家,大学师生乃社会之栋梁,作为知识分子,他们都负有把各领域的知识加以学习、反省乃至批判、开拓的职责。但是我们是否能把这些知识真的留住,并尽快在中小学及公共部门成功地传承下去,则很大程度取决于大学师生能否用母语把这些尖端的知识予以重温、思量、谈论、运用和争论。唯有这样,外来的知识才能吸收内化到本族语言里,并进而慢

---

① 1999年,罗伯特·菲利普森和斯库纳布-坎加斯根据83名学者的调查问卷报告了丹麦的情况,参见 Robert Philipson and Tove Skutnabb-Kangas, "Englishisation: One Dimension of Globalisation," in David Graddol and Ulrike H. Meinhof (eds.), *English in a Changing World*, London: AILA, 1999, pp. 25-29。
② Johann Gottfried Herder, *Briefe zu Beförderung der Humanität*, Fünfte Sammlung, § 57, *Herders Werke* Vol. 5, Berlin: Aufbau-Verlag, 1982, pp. 108-144, especially pp. 112f, 134f.

慢成为民族的共同思想资源，为进一步的概念创新奠定基础。如果唯有使用英语，人们才能取得思想和学术的进步，那这将很可能是全世界学术的一大倒退。

因此，大学师生，尤其海归一族，应该鞭策自己用母语而非英语或其他外语来发表作品，大到高端学术研究论文，小到教科书般的基础教材都可以用母语。哪怕读者人数少，受众范围小，至少也要偶尔为之。这是使语言关注具体化的做法，也是实现语言关注的最重要途径。

第六，语言在自然科学、人文科学中的作用。在学术研究中英语和母语的使用配比一直是个有争议的问题。在这个问题上人们更多讨论的是，是否需要区别对待两种语言在自然科学和人文科学或社会科学的使用情况。多数人认为，自然科学解决一般现象，独立于研究者的文化身份，因此只有英语最适合这种普遍交流。另外，站在人文科学和社会科学的角度，人们通常强调它们研究的对象和概念在本质上不具备自然科学意义上的客观普遍性，它们由文化遗产演变产生，在很大程度上受其推动发展。因此处理人文问题,采用不同语言进行系统阐述,往往带来意义反差和细微差别,从而引发人们对人文问题更深层的思考。[1] 基于这点考虑,研究人文科学和社会科学不应局限于或仅依赖一种全球通用语言。德国洪堡基金会主席沃尔夫冈·弗律瓦尔德(Wolfgang Frühwald)持有类似的想法,他曾经指出:"所有人文科学,广义地说是所有理论科学都与语言有关。现代自然科学的概念是以结果为导向的,而人文科学的概念则是与过程相关。这意味着,人文科学的成果是在人类进行描述的过程中产生的。它们受语言和文体的约束,不易被通用语言转译。"[2] 同样地,著名法国德裔文学家莫里斯·戈德(Maurice Godé)认为,"掌握各个民族语言是

---

[1] 关于人文学科中客体和概念的客观性和普遍性深刻的反思,参见 Ernst Cassirer, *Zur Logik der Kulturwissenschaften*, 2nd ed. Darmstadt: Wissenschaftliche Buchgesellschaft, 1961, 特别是第一章和第三章。
[2] 沃尔夫冈·弗律瓦尔德:《语言开放世界:民族语言作为科学语言的作用》("Sprachen öffnen die Welt: Zur Funktion der Nationalsprachen als Sprachen der Wissenschaft"), 2001 年在布达佩斯、北京等地的演讲,见 http://www.humboldt.hu/HN19/fruhwald.htm, 访问日期:2005 年 5 月 24 日。非常感谢中国人民大学副校长冯俊教授,是他让我注意到弗律瓦尔德的演讲。这段话是我把弗律瓦尔德的德文演讲稿翻译成英文。

有意义地研究人文知识的基本前提。"①

总之,人文科学比自然科学更依赖于语言多样性和文化传统。对研究人文科学,尤其是哲学的学者来说,只精通一门单一的通用语往往说明其要么孤陋寡闻要么才疏学浅。虽然这可能不适用于孔子或柏拉图,但对今天的人文学者确是如此。毕竟当下进行跨文化交流,开拓国际视野,已成主流趋势。至于自然科学领域的学者,虽然他们从事研究不需要多种语言的加持,但他们的国家,他们的民族,确确实实需要他们承担起关注语言的责任,需要他们不同程度地在所有学科上履行这一职责。

第七,面对英语主导的趋势,各国母语争取生存发展空间。在全球化的影响下,英语的影响力势必不断扩大,毫无疑问,世界上许多民族语言都将向英语低头。在英语黑云压城的态势下,

---

① 参见2004年1月14日戈德(Godé)在海德堡-蒙彼利埃大学日(Universitätstage Heidelberg-Montpellier)的演讲报告。http://www.innovation-report.de/html/berichte/bildung_wissenschaft/bericht-24766.Html,访问日期:2005年5月14日。

各种不同语言的特征与习性到底能保留几分,又能持续多久,则完全要看各国自己的文化活跃度。一般来说,文化活跃度涉及方方面面,其中有两个因素至关重要。(1)一门语言社群规模的大小,它与该语种有多少活跃的文字工作者是成比例的;(2)一门语言的历史文化积淀有多厚实,它昭示着该语言有多大的魅力来吸引人们反复使用。[①] 考虑到上述的因素,我们或可预见德语和汉语未来的命运。先看德语,相比欧盟其他语言如荷兰语、丹麦语、挪威语或瑞典语,德语的社群规模相当大,在欧洲大约有9500万说德语的人。在文化遗产方面,莱布尼兹时代的德语与当代德语相去甚远,因为经过两个世纪的发展,德语积累了丰富的文学、

---

① 除此二者以外,决定一门语言抗衡英语的能力的其他重要因素包括:这门语言被他国倾慕的程度,本国国民对母语的重视和尊重程度,这门语言携带新知识的多寡,这门语言的语言群体整体受教育程度的高低,这门语言教材的丰富程度,等等。但这些因素本文暂不予进一步分析。对相关问题的共鸣性思考可参见 Elmar Holenstein, "Ist die viersprachige Schweiz ein Modell für plurikulturelle Staaten?" in Elmar Holenstein (ed.), *Kulturphilosophische Perspektiven*, Frankfurt: Suhrkamp, 1998, pp. 11 – 43。最近,霍伦斯坦(Holenstein)通过电子邮件与我热烈地讨论了语言教育的各种问题,2005年夏季我访问横滨时,他还和我面谈了这些教育问题。

哲学和其他学科的文化财富,这种积蓄的力量或累积的资本可能对未来好几个世纪德语的发展都有极其深远的意义。有了这个议价权,德语会甘愿步荷兰语或丹麦语的后尘,进一步被英语边缘化吗?又或者德语应该积极抵抗这种命运?

再来看看汉语,首先,它的语群规模毋庸赘述,单是中国大陆说汉语的人就超过13亿。其次,遍布全球的华人也是汉语广被传播的中坚力量,这是任何人都不可忽视的优势。绵延几千年的文学、哲学、艺术等文化传统给汉语提供了极强的未来竞争力。事实上,人们往往认为尽管很多语言难逃被英语取代或主导的命运,汉语、西班牙语或阿拉伯语很可能成为为数不多的能抵挡英语冲击的语言,从长远来看,它们甚至能与英语竞争,取得主导地位。那么拥有如此强的竞争资本,汉语的前景真的能够令人乐观吗?

虽然这种大胆的推测可能有一定的道理,但不可能面面俱到。我们需要提醒自己最重要的一点是,除了上述提及的两个主要因素外,还有其他因素可能会导致情况复杂化。在这些因素当中永远不能忽略两个同样重要的主观因素（见第138页注①）：需要政府坚定地推行有利于语言稳定发展的政策，需要语言社群的成员乐意奉献力量关注语言发展。

第八，当我们谈论一种语言的未来时，我们应着眼于什么？我们应当把母语作为对象语言或操作语言。面对全球英语化，我们在讨论捍卫本国语言地位的可能性时，忽略了一个重要问题，即把本国语言仅仅作为对象语言或操作语言加以保护。我所说的对象语言指的是记录诗歌、哲学、历史等人类智慧结晶的语言，我所说的操作语言指的是处理任何需要我们关注的问题时所使用的语言。很显然，像古希腊语、拉丁语或梵语这类伟大语言现在只能是学术研究的对象，其原因就在于几乎没有什么人使用它们。一种纯粹的对象语言，由于它承载着如宝石般珍贵的智慧，可能不会立即消失，但只要它不具有操作性，它就不再重要也永远不会有发展的机会。关于这点，威廉·冯·洪堡是完全正确的。他说："语言是人类不断参与活动产生一般精神力量的领域之一。"①

当然,在我们谈论运用语言开展工作时,我们可能会把"运用"大致理解为语言的日常用法。但如果关注语言未来的学术地位,我们就应当知道,一种语言可能仍在被相当数量的群体所使用,但它已失去了在学术领域的尊贵地位。这种情形在人类智力活动中是可能的。所以我们必须明确自己到底在捍卫什么!

所有这些考量都很重要,因为它们关系到不同国家和地区语言政策的制定。让我再以德语为例解释一下:截至目前,德语显然既是对象语言又是操作语言,因为它拥有康德、席勒、韦伯或齐美尔这

---

① Wilhelm von Humboldt, *Über die Verschiedenheit des menschlichen Sprachaues und ihren Einfluss auf die geistige Entwicklung des Menschengeschlechts*. Widely known as *Kawi-Schrift* and published in 1835, it is included in *Werke in fünf Bänden*, Vol. 3, *Schriften zur Sprachphilosophie*, ed. Andreas Flitner and Klaus Giel, Stuttgart: Cotta, 1963, p. 391; see also Wilhelm von Humboldt, *On Language: The Diversity of Human Language-Structure and Its Influence on the Mental Development of Mankind*, trans. Peter Heath, Cambridge: Cambridge University Press, 1988, p. 27. 洪堡先生在其他地方也发表了类似的言论:"因此,语言的智力优势发挥完全取决于在创造或改造语言的时代,各民族是否坚持井然有序、坚定不移、清晰易懂的精神智力体系。"参见 *Kawi-Schrift*, p. 464; *On Language*, p. 81。

些大师的巨著，又有德国及世界其他国家学者用德语对其文化遗产进行各种研讨。但如果德国人自身决定放弃使用德语进行演讲或出版刊物，那么在50年甚至10年后会发生什么呢？鉴往知来，如果一种学术语言不再活跃，它很快就会沦落为纯粹的学术研究对象。这正是37名德国大学教授给德国政客写的公开信中提出的警告。

第九，语言不仅是表达的工具，也是智力发展的关键，这和母语休戚相关。主张英语唯一论的人往往片面理解语言概念，他们认为语言是工具，或者认为语言不过是表达内心已有清楚概念的工具而已。但深入研究现代一般语言学的发展，不难发现，语言学家越来越认同语言构建的观点，而不把语言视为工具，他们认为语言不只用来表达既有的清晰想法，也是人类智慧和意识借以形成和发展的重要媒介。换言之，包括洪堡、索绪尔和雅各布森在内的许多现代语言学家，他们认为语言能力和思维能力是同时产生的，二者密切相关，不可分割。如果语言对人类智力发展确实有着如此重要的作用，那么就更应当重视母语的地位，因为母语恰恰是所有人类个体获得基本智力的语言媒介。既然习得母语是不可逆和无法避免的过程,那么牺牲母语来发展英语(如在母语化的情况下),就好像在沙丘上盖大厦一样,根本不切实际。这种做法不仅在教学上有问题,而且限制了学习者智力的最大发展。这就解释了为什么要重视英语过度主导的问题。正是基于这种考虑,一些新洪堡主义语言学家对母语的重要作用进行了研究,他们认为母语是人类智力存在的基础,也是联系人类社会生活与文化遗产的纽带。①

第十,多语主张。强调母语对人类智力形成、发展的重要性,也要提防褊狭守旧的地方保护观念或种族优越排他主义。事实上,我们应该注意到,所有支持母语最重要的哲学理由也强调以学习外语

---

① 在众多的新洪堡主义者中,莱奥·魏斯格贝尔(Leo Weisgerber)在20世纪50年代提出了所谓的语言人类法则(Menschheitsgesetz der Sprache),它包括以下三个组成法则:以语言为条件的人类生存法则、语言社团法则和母语法则。(*Das Menschheitsgesetz der Sprache als Grundlage der Sprachwissenschaft*, rev. ed. Heidelberg: Quelle & Meyer, 1964)。魏斯格贝尔因为引用语言例子时过度使用德语,导致其理论早已湮没无闻,但从其理论体系概况及作品透露出来的基本见解来看,其理论对我们今天关注的英语过度主导及需要有意识地培育母语发展仍有重大意义。

来促进母语学习的益处。正如我们一开始所说的那样,学习外语大有裨益。学习者可以通过多角度思考,制定不同策略,了解概念网络等来开阔语言智力视野。在普通语言学和语言哲学中,许多重要的理论实际上都是基于这个问题形成的。比如语言价值观、词汇场理论(Wortfldthorie)、世界观(Weltansicht)、境域整合(Horizontverschmelzung)等。所有这些都表明,就教育而言,一个人学的语言越多越好。该观点中最激进的表述当属查理五世的名言:"懂得了多种语言,也就等于多活了几世。"[1] 当然,受限于时间和资源,多语教育能取得的成就有限。因此,为了达到母语与外语的平衡发展,我建议,大学预科教育阶段最起码要求学习双语,从本科开始至少学习三门语言,研究生要掌握三门语言。关于"三语制",我只想说一句:这绝不是纯粹数字上的折中,许多语言学家、哲学家研究指出,学习至少三门语言可以发挥"三角法"在

---

[1] 参见 Arthur Schopenhauer, *Parerga und Paralipomena* 2, Zweiter Teilband, *Zürcher Ausgabe*, *Werke in zehn Bänden*, Vol. X (1859; Zürich: Diogenes, 1977), p. 616。原文是: "So viele Sprachen Einer kennt, so viele Mal ist er ein Mensch."

发展智力方面的优势，即防止在概念比较中，草率对立或分化，从而领略事态之多元共济之可能，学习者因此更易适应世界的复杂性，提前为多边谈话沟通做好准备。①

第十一，全球化时代下的全球本土语言政策。我们既要强调英语作为国际性语言的重要性，又要警惕其在本土语言政策中的过度主导，因此我们形成一个普遍观点，即采纳具有全球化本土性质的语言政策。什么是全球化本土语言政策？简单地说，

---

① 关于三语制，除了语言和哲学理由外，其他理由可参见以下三篇文章：(1) Elmar Holenstein, "Ein Dutzend Daumenregeln zur Vermeidung interkultureller Missverständnisse," in Elmar Holenstein, ed., *Kulturphilosophische Perspektiven*, 1998), pp. 288 – 312 (English translation: "A Dozen Rules of Thumb for Avoiding Intercultural Misunderstandings," *Polylog*, November 2, 2004, http: //them. polylog. org/4/ahe-en. htm). (2) Joseph Harold Greenberg, *On Language: Selected Writings of Joseph H. Greenberg*, ed. Keith Denning and Suzanne Kemmer, Stanford, Calif. : Stanford University Press, 1990, 特别是关于类型学和语言共性的章节。(3) 狄培理：《亚洲经典与全球教育》，这是2005年1月狄培理教授应邀在香港中文大学哲学系为纪念唐君毅先生所作的演讲。在这篇文章中，狄培理发表了如下的观点："这种教育模式或方法至少还要遵循两个一般原则。其一，如果有可能的话，除了自己的文化外，最好再用这一学习过程学习一个以上的其他文化，这样就能形成一定的三角关系。这种多元文化视角要比简单的'我们—他们'、'自己—他者'、'东方—西方'的比较更重要。"

它是扎根本土文化但又具有国际视野的语言政策。具体地说，就是母语素养和优化外语策略的结合。虽然母语素养的重要性在政策计划中不言自明，并且它也是我们教学的基本要求，但我们必须注意，优化外语策略的执行不应局限于二外教学或英语学习，还应涉及个体学科的任何外语的教与学。英语的主导地位让英语继续风靡全球，这是可以理解的，但占主导地位的英语不应垄断世界语言领域，尤其是在学术界。从现有资源来看，绝不应排除非英语的外语，因为它们可以，也确确实实为全球文明作出了自己的贡献。换句话说，它们有着宝贵的文化"资本"，企盼着每一个全球公民的有效投资。如果相当多的国家坚持推行全球化本土语言政策，并得到其重点高校的大力支持，那么每种语言在国内外都将拥有更美好的发展前景。当然，每种语言的流行程度取决于各自的"议价能力"，即在英语主导地位下，找寻母语发展空间的能力。那么中国学者为什么不能根据自己学科的需要，在学习英语的同时学一些梵语、古希腊语、拉丁语、德语、法语、藏语、日语甚至吐火罗语，以获得最大的智力收益呢？另外，汉语显然是纳入其他民族语言政策中的热门外语。① 威廉·冯·洪堡曾用一句精彩的评论强调了汉语的独特之处：汉语与梵语是人类语言中两种形态迥异，但各自把语言精神发挥到完美境地的两个"极端例子"。② 汉字的"种种形构本即蕴含着哲学工夫"③。

从教育层面讲，一个人只要认真去学一门外语，无论是学英语还是其他语言，其付出总是会有回报。最重要的是，任何全球化本土语言发展计划必须保证母语的一席之地。因为母语是人类智慧的源泉，是人类赖以认识外在世界的关键，没有坚实的母语基础，熟练掌握其他语言就显得本末倒置，毫无意

---

① 由于汉语日益普及，一项英文名简称为"HSK"的汉语水平考试计划，俗称"汉语托福"，现已在世界上 33 个国家 80 个城市实施。有关信息，了解完整的国际考点名单，请参阅 HSK 主站点，http://www.hsk.org.cn/或 http://www.hsk.org.cn/test_arrangement/gw.asp。

② Humboldt, *Kawi-Schrift*, p. 676; *On Language*, p. 232. 为了更深入的讨论可参见 Kwan Tze-wan, "Wilhelm von Humboldt on the Chinese Language," *Journal of Chinese Linguistics*, Vol. 29, No. 2 (2001): 169-242。

③ Wilhelm von Humboldt, *Lettre à Abel-Rémusat sur la nature des formes grammaticales en général et sur le génie de la langue chinoise en particulier*, Paris: Librairie Orientale de Dondey-Dupré, 1827.

义。对于任何国家，任何企图以牺牲母语达到所谓"更好"的外语水平，比如英语，这种不明智的做法，在智力和教学上是不可取的，在文化和政治上亦是自寻死路。

结　论

英语的主导地位是不可改变的历史的选择。这是任何国家任何政府不容忽视的基本事实。但凡不想在经济、政治、智力、文化方面与世界脱轨的，就必须加强英语的使用。然而，我们必须认识到，接受英语作为国际通用语言的主导地位与任它过度主导或入侵本土语言是两回事。就如我所阐述的那样，英语的过度主导就是侵犯和危害他国母语。但很大程度上，是否让这种局面一发不可收拾是掌控在各个语言社群成员手里的，上至政府决策者、大学官员、教授，下至学生与公众，都可以有所作为。在这里我们探讨的是我们的语言人权，如果轻率地任由英语过度主导，那么这些权利很可能就会从我们的手里溜走。在这方面，莱布尼兹提出的"关注德语运用"及

"构建德语思维社会"极具启发价值,值得我们借鉴。

参考文献

Alexander, Richard J. "Global Languages Oppress But are Liberating, Too: The Dialectics of English." In Christian Mair, (ed.), *The Politics of English as a World Language: New Horizons in Postcolonial Cultural Studies*. Amsterdam: Rodopi, 2003.

Ammon, Ulrich, ed. *The Dominance of English as a Language of Science: Effects on Other Languages and Language Communities*. Berlin: Mouton de Gruyter, 2001.

——. *Ist Deutsch noch internationale Wissenschaftssprache?* Berlin: Mouton de Gruyter, 1998.

Apel, Karl-Otto. "Noam Chomsky's Theory of Language and Contemporary Philosophy: A Case Study in the Philosophy of Science." In *Towards a Transformation of Philosophy*. Translated by Glyn Adey and David Fisby. London: Routledge, 1980.

Bourdieu, Pierre. "The Forms of Capital." In J. Richardson, ed., *Handbook of Theory and Research for the Sociology of Education*. New York: Greenwood Press, 1986.

——. *Language and Symbolic Power*. Translated by Gino Raymond and Matthew Adamson. Cambridge: Polity Press, 1991.

Calvet, Louis-Jean. *Language Wars*. Translated by Michel Petheram. Oxford: Oxford University Press, 1998.

Cassirer, Ernst. *Zur Logik der Kulturwissenschaften*. 2nd ed. Darmstadt: Wissenschaftliche Buchgesellschaft, 1961.

Coulmas, Florian, ed. *A Language Policy for the European Community: Prospect and Quandaries*. Berlin: Mouton de Gruyter, 1991.

Crystal, David. *English as a Global Language*. 2nd ed. Cambridge: Cambridge University Press, 2003.

De Bary, Wm. Theodore. "Asian Classics and Global Education." 2005年1月在香港中文大学哲学系担任唐君毅访问教授时的演讲.

Eucken, Rudolf. *Geschichte der philosophischen Terminologie im Umriss*. 1879. Reprint, Hildesheim: Olms, 1964.

Graddol, David, and Ulrike H. Meinhof, eds. *English in a Changing World*. London: AILA. 1999.

Greenberg, Joseph Harold. *Language, Culture, and Communication*. Stanford, Calif.: Stanford University Press, 1971.

———. *On Language: Selected Writings of Joseph H. Greenberg*. Edited by Keith Denning and Suzanne Kemmer. Stanford, Calif.: Stanford University Press. 1990.

Herder, Johann Gottfried. *Briefe zu Beförderung der Humanität*. Fünfte Sammlung, § 57, *Herders Werke*, Vol. 5, pp. 108-144, especially pp. 112f, 134f. Berlin: Aufbau-Verlag, 1982.

Holenstein, Elmar, ed. *Kulturphilosophische Perspektiven*. Frankfurt: Suhrkamp, 1998.

Humboldt, Wilhelm von. *On Language: The Diversity of Human Language-Structure and Its Influence on the Mental Development of Mankind*. Translated by Peter Heath. Introduction by Hans Aarsleff. Cambridge: Cambridge University Press, 1988.

关子尹:《莱布尼兹与现代德语之沧桑——兼论"语文作育"与民族语言命运问题》,《同济大学学报(社会科学版)》2005年第1期,第1~11页。

——. "Wilhelm von Humboldt on the Chinese Language." *Journal of Chinese Linguistics*, Vol. 29, No. 2 (2001): 169-242.

Leibniz, G. W. F. *Unvorgreifliche Gedanken, betreffend die Ausübung und Verbesserung der deutschen Sprache* (zwei Aufsätze), Edited by Uwe Pörksen. Stuttgart: Reclam, 1983.

Mair, Christian, ed. *The Politics of English as a World Language: New Horizons in Postcolonial Cultural Studies*. Amsterdam: Rodopi, 2003.

Ostler, Nicholas. *Empires of the Word: A Language History of the World*. London: Harper Collins, 2005.

Philipson, Robert. *English Imperialism*. Oxford: Oxford University Press, 1992.

Polenz, Peter von. *Geschichte der deutschen Sprache*. Berlin: Mouton de Gruyter, 1977.

Saussure, Ferdinand de. *Course in General Linguistics*, Edited by Charles Bally and Albert Sechehaye, in collaboration with Albert Riedlinger. Translated, with an introduction and notes, by Wade Baskin. New York: McGraw-Hill, 1972.

Schierholz, Stefan J., ed. *Die deutsche Sprache in der Gegenwart: Festschrif für Dieter Cherubim zum 60. Geburtstag.* Frankfurt am Main: Peter Lang, 2001.

Scholten, Dirk. *Sprachverbreitungspolitik des nationalsozialistischen Deutschlands.* Frankfurt am Main: Peter Lang, 2000.

Schopenhauer, Arthur. *Parerga und Paralipomena* 2. Zweiter Teilband, *Zürcher Ausgabe. Werke in zehn Bänden*, Vol. 10. 1859. Reprint, Zürich: Diogenes, 1977.

Skutnabb-Kangas, Tove, and Robert Philipson, eds. *Linguistic Human Rights: Overcoming Linguistic Discrimination.* Berlin: Mouton de Gruyter, 1994.

Steiner, George. *Language and Silence: Essays on Language, Literature, and the Inhuman.* New York: Atheneum, 1967.

Weisgerber, Leo. *Das Menschheitsgesetz der Sprache als Grundlage der Sprachwissenschaf.* Rev. ed. Heidelberg: Quelle & Meyer, 1964.

Witt, Jörg. *Wohin steuern die Sprachen Europas?* Tübingen: Stauffenburg, 2001.

Wolff, Gerhard, ed. *Deutsche Sprachgeschichte.* Stuttgart: Reclam, 1984.

附录一 唐君毅生平年表

刘国英[*]

1909年1月17日，生于四川宜宾，家贫，其父为前清秀才。唐君毅为长子，有一个弟弟和四个妹妹，其中一个早夭。

1911年，2岁时开始跟随母亲学习汉字。

1919年，入读四川省成都市省立第一师范附属小学。

1921年，入读四川省重庆市联合中学。

1925年，毕业于重庆市联合中学，后赴北京，于中俄大学继续深造。一个学期后，转入北京大学哲学系，就读一年后，转读东南大学（后改名中央大学）哲学系。

---

[*] 刘国英，香港中文大学哲学系副教授。

1931年，父亲去世，家徒四壁，以至无法下葬，直至三个月后才入土为安。

1932年，毕业于中央大学哲学系，留校任助教，以有限的报酬养活全家。

1937年，日军侵占上海、南京。唐君毅回到成都，先后在华西大学以及成都的一些中学任教。

1940年，结识当代著名儒家学者牟宗三，后成为一生的挚友。

1943年，回到重庆，与教育心理学毕业生谢廷光结婚。

1946年，中央大学由重庆迁回南京。继续在中央大学哲学系任教，直至与牟宗三一起迁往无锡，在江南大学任教。

1949年，他和钱穆一同前往广州私立华侨大学任教。两个月后，他们又去了香港。

1949年10月，唐君毅和钱穆等人创办了亚洲文商夜学院。

1950年3月，在一名商人的资助下，夜学院改组为新亚书院（后于1963年成为香港中文大学的创办学院之一）。唐君毅在新亚书院担任教务长及哲学教育系主任。1951年至1954年，共举办139场文化讲座，每周六向公众开放。他本人就是主讲人之一。

1957年，应美国政府邀请访问美国，在那里他遇到了威廉·霍金（William E. Hocking）、布兰德·布兰夏德（Brand Blanshard）、悉尼·胡克（Sidney Hook）、铃木大拙（D. T. Suzuki）、顾立雅（Herrlee Creel）、陈荣捷（Wing-tsit Chan）等学者。是年，他还访问了日本和欧洲。

1958年，与张君劢、牟宗三、徐复观共同发表《为中国文化敬告世界人士宣言——我们对中国学术研究及中国文化与世界文化前途之共同认识》，肯定了中国文化的价值。

1962年，创办东方人文学会，并当选会长。

1963年，香港中文大学成立，受聘为第一任香港中文大学哲学系讲座教授兼哲学系系务会主席，并被选为文学院院长。

1966年3月，左眼视网膜脱落，前往美国接受治疗，但未治愈。12月，赴日本京都治疗眼疾，在日本疗养八个月，钟情于那里的文化氛围。

1972年，赴夏威夷参加王阳明诞辰五百周年学术讨论会。

1973年，从香港中文大学退休。

1974年，唐君毅与新亚书院其他八位负责人一同辞职，抗议香港中文大学合并三所书院，因为此举违反早前保留书院自主权的承诺。

1975年，应台湾大学邀请，担任客座教授八个月。

1976年8月12日，被诊断为肺癌。

1978年2月2日，因肺癌在香港浸会医院逝世。

唐君毅主要著作札记

1926年，唐君毅教授发表了第一篇文章《荀子人性论》。1929年他发表的第一篇论文《孟子言性新论》保存至今。

20世纪40年代，唐君毅的著作主要涉及生命情感和道德自我反思，如《人生之体验》（1944）和《道德自我之建立》（1944）。

第二个阶段是20世纪50年代，唐君毅对中国文化的反思，如《中国文化之精神价值》（1953）、《人文精神之重建》（1955）、《文化意识与道德理性》（1958）、《中华人文精神之发展》（1958）。

第三个阶段是20世纪60年代和70年代，唐君毅出版了关于中国哲学来源的六卷思考，如《中国哲学原论·导论篇》（1966）、《中国哲学原论·原性篇》（1968）和《中国哲学原论·原道篇》（1973）。

两卷《生命存在与心灵境界》（1977）是其著作的第四个也是最后阶段，完成了他的哲学体系。

附录二 哥伦比亚大学的中国人

〔美〕狄培理

之前伯纳黛特·李（Bernadette Li）教授邀请我在今天的"哥伦比亚与中国"①的午宴上发言，我原以为她想让我谈谈哥伦比亚大学中的杰出华人，就像我为《哥伦比亚杂志》的"活的遗产"系列所写的《哥伦比亚大学在东亚研究的初期阶段》一样，但李教授很快就打消了我的这个念头。她说，希望我能谈谈自己在哥伦比亚大学的经历。

显然，这是一个很不同的议题，因为它需要我

---

① "哥伦比亚的中国情结"会议，哥伦比亚大学，2004年9月10日~11日。

附录二 哥伦比亚大学的中国人

从哥伦比亚大学的角度切入,而不是从中国人开始(即从20世纪初丁龙倡议在这里开展中国研究的故事开始)。我的故事则要从1937年我入读哥伦比亚大学开始,从那时起,我迈出了中国研究的第一步。一直到今天,我所取得的成就无不归功于哥伦比亚大学这个教育机构的内部演变。

到目前为止,你们一定已经认识到,哥伦比亚大学本科课程的特色是核心课程,它最初是"当代文明"课程,1937年在此基础上增加了"人文系列"课程。在我大一第一次上"当代文明"课程时,卡曼(Harry Carman)教授(后来担任院长)说:"当然,你们知道这门课并不包括所有的世界文明,这只是西方的当代文明。我们要把亚洲文明加入这个课程中,我希望在座的各位能够思考一下,如何把亚洲文明纳入一个更加全球化的文明视野中。"当时,我只是一名大一新生,并不清楚自己想做什么,但我决定从第二年开始学中文。我能做到这一点,是因为在20世纪30年代,哥伦比亚大学是为数不多的几所提供中文课程的大学之一。

我研究中国的经历,很大程度上反映了哥伦比亚大学制度的独特发展历程。如果一所大学缺乏关注文明构成问题的核心课程,不把中国当作一种文明,只把它作为一个满足文化学徒的异国情调的对象,那么,人们是不会被引导到中国研究这种问题上的。当然,在 20 世纪 30 年代的美国,已经有了这种异国情愫,同时对中国产生了另一种兴趣,认为中国是西方策动的革命落地的现场。但当时很少有人会把中国理解为一个成熟的、可以展现自身价值的文明,绝大部分人认为中国是一个停滞或倒退的社会,革命性变革和彻底重建的时机尚未成熟。

1938 年,我开始学习中文,班上的学生不多,其中有传教士之类的怪人〔卡林顿·古德里奇(Carrington Goodrich) 老师就是传教士出身〕,另一些是被中国革命吸引的左翼人士,我当时就是其中之一,还有关心中国革命的黑人歌手保罗·罗伯逊(Paul Robeson)。还有一个奇特的德国女人,她后来被证实是一名纳粹间谍,利用学术研究掩护她的卧底工作。

我那时十几岁,是一名青年社会主义者,对中国革命怀有一种浪漫主义式的崇敬。我决心从中国传统自身出发来解释中国历史和社会，尽可能摆脱一切欧洲中心论和意识形态的影响。换句话说，我所采取的对中国和亚洲文明的研究，已经是"当代文明"核心课程的组成部分——作为对西方文明基础价值的自觉的重新审视。我在研究的过程中发现，在中国传统内部，也存在着对中国文明的自觉的重新审视和批判。

我刚涉足中国研究这一领域不久，第二次世界大战爆发，我投身到了太平洋战区海军情报部门的工作之中，我的中国研究被迫中止，或者说，我转变了研究方向，转而研究日本。在当时看来，这似乎偏离了我原来的研究，事实上却被证明是一种收获，因为，战后当我继续学习中文和日文时，我意识到日本文明作为中国文明的反映（不是对中国文明的反思，而是作为中国文明的反映）的重要性。事实上，在太平洋战争期间，我不经意间接触到了朝鲜人（太平洋地区被日本人奴役的劳工），在冲绳战役中遇到了琉球人。所有这些民族，在历史上都深受中国的影响，对中国文明有自己的看法——他们看待中国文明的角度不同，并都做出了自己的阐释。换句话说,他们对中国文明的诠释,眼光独特,手法老到,从他们对中国文明重要性和价值的阐述中,我这个新手受益匪浅。战后,当我恢复我的中国研究时,我因此有了多种视角来看待中国这个成熟的文明。中国文明是整个东亚文明的中心,而不仅仅是欧洲中心主义意识形态的客体或事实上的受害者。

这个视角转变的过程自战后我在哥伦比亚大学读研究生时就已经开始了,但受限于这里没有对中国哲学和思想史有深入了解的学者,这些研究举步维艰。如果我想从内部了解中国,就必须到中国去完成我的研究生学业。当时,在那样的背景下,我寻找着能够与之交流中国文明核心问题的学者,因为中国文化应由中国人自己定义,就像西方思想家自己界定西方文明一样。

1948年,我赴北京继续求学,非常有幸得到两位著名的中国学者胡适和冯友兰的帮助和建议,他们曾在哥伦比亚大学杜威教授的指导下学习。胡适时任北京大学校长,他的学术研究内容是中国哲学和历史,涵盖了我所学习的许多领域。当时冯友兰在清华大学教授中国哲学,也对我教诲有加。但他们都不是特别了解我所研究的17世纪的黄宗羲的政治思想,对黄宗羲的《明夷待访录》也不甚了解。《明夷待访录》从孔孟角度对中国王朝统治进行了重要的批判。其实,我最好的中文导师就是黄宗羲。当我试图理解黄宗羲对中国政治、经济和社会问题的批判思想时,我不得不去探索郑樵、马端临、王应麟、丘浚等宋代和明代的著名学者对中国重大制度史的研究成果。我在中国事物方面的研究,起步于理解黄宗羲作品的思想背景,研究黄宗羲的宋明儒学思想史,他完全可以称得上是我的启蒙老师。

1948年底,我来到岭南大学,在那里我遇到了其他学者,见证了钱穆、唐君毅等著名学者在香港创办新亚书院的筚路蓝缕。钱穆是中国现代思想史上真正的巨人,唐君毅是复兴儒家哲学的重要人物。从他们身上,我学到了很多当时西方学术界还不知道的东西。后来我有幸在香港中文大学(新亚书院后来成为香港中文大学的一部分)担任了名誉教授,以示我对他们崇高的敬意。

在这些著名的中国学者身边学习、研究中国历史和思想之后，我在美国学术团体协会的资助下在美国举办了一系列关于中国思想的会议，我邀请了这些学者参加，并出版了几卷研讨会论文集，为美国学术界开辟了一个新的世界。这种学术联谊的后期成果就是我自己的著作，涉及新儒家思想中的自我与社会，宋明理学的心性哲学，我称之为中国的自由主义传统（与自由学习和自由教育有关）、公民社会和人权等问题。

但是，回到美国后，我发现自己需要设计一套新的亚洲文明和人文科学的通识教育课程，以实现1937年哈里·卡曼的愿望。在20世纪50年代和60年代的大部分时间里，我都在从事这项工作，编制阅读资料、译文、教学指南等，以供亚洲通识教育使用，目前已经有100多卷相关资料。在20世纪60年代末和70年代的危机中，我为哥伦比亚大学服务了近十年，除担任东亚系主任外，还担任过大学校务会议理事会的首任主席，并从1971年到1978年担任副校长兼教务长和首席学术官，这些事务大大分散了我的精力，使我无法专注于学术研究。

这些偏离中国研究的经历被我称为"离题",但这些"非正业"的事务从两个方面塑造了我对中国的看法。正如我之前所说的,在亚洲文明的研究和教学中,我始终认为,中国文明不仅应该受到尊重,而且应被视为东亚文明的中心,而不是简单地被分解为汉文明的各个方面。就我自己对儒学的特殊兴趣而言,儒学不仅对整个中国文明有着很大的贡献,而且它是一场影响世界的多元文化运动。因此,不能仅把它看作中国的财产。从教育的角度来说,它的未来与整个东亚文明的未来息息相关,它的贡献应该被看作对整个全球教育的潜在贡献。

最近,我应台湾大学学者之邀,就日益高科技化的社会和教育体系中的人文教育危机做了一次演讲。明年一月,我将在香港中文大学纪念唐君毅的讲座中就同一主题发表演说。中国孔子基金会扭转了"文革"中的反儒方向,现在又肯定儒学是中华文明的核心,这都是义利并举的好事。但是,另一方面,也要承认儒家人文精神在中国大陆之外也有蓬勃的生命力,而不是简单地认为只有一个中国儒学，中国台湾、中国香港、新加坡、韩国和日本的儒学都有自己的特色，我希望哥伦比亚大学也是如此。

经历了"文化大革命"的晦暗日子，中国传统文化得以存活，这使我想起自己在那场对中国传统的浩劫中所写的一篇文章（后发表在专为唐君毅所写的一卷书中）。当时（1970年）我曾预言，儒家思想不可能被铲除。

> 中国人的现代经历中不幸的一面，是其暂时失去了对自身传统的尊重，也否认了自己有化古纳新的权利。……不过，我们可以断言，生生不已的过程仅仅是隐而不彰，而非中绝不继，中国人民的新经历最终将在很大程度上是一种内在成长……①

我当时说的话得到了证实，不到十年，"文革"结束，中国又开放了，我被允许回到中国，并与冯

---

① William Theodore de Bary (ed.), *The Unfolding of Neo-Confucianism*, New York: Columbia University Press, 1975, p.32.

友兰等旧识重逢。我邀请冯友兰重访哥伦比亚大学。1982年，他的重访之旅成行，在校园里，他回忆起了在晨边校园的快乐时光，漫步"在雄伟的哈德逊河畔"（这是他的原话）的豪情万丈，以及在Low图书馆担任助理，管理中文馆藏的日子。当他在接受荣誉学位并发表演讲时，他就站在圆形大厅的这个讲台上。在开场白中，他引用了《诗经》的名句："周虽旧邦，其命维新。"他所说的"周"是指中国，"命"是指中国的文明使命。因此，正如我所说的那样，经历过那些晦暗的日子，我对中国之道将长盛不衰更加笃定。

中国能够为世界文明做出贡献，要归功于这样的学者。他们在世事动荡、艰难困苦中，数十年如一日，兢兢业业，无私奉献。在这方面，我想起了胡适博士，除了我们在北京共度的时光外，我在台北中研院做研究的时候，他经常接待我。他常邀我去吃午饭，使我能在图书馆长时间学习后休息一下，他还会与我分享他研读黄宗羲著作的一些读书笔记。有一件与他有关的纪念品，我向来甚是珍视，那是一封他20世纪50年代初来美国时留下的呼吁书。他以前驻美大使和一名在美国相对知名的中国学者的身份，号召大家捐款来帮助其他在美国的学者。在这封呼吁书的封面上，胡适用他独特的书法抄录了《论语》的一段话，与"士"的品德和性格有关。"士"这个词可以被翻译成多种不同的英文，因为它蕴含了君子的几种不同的领导品质：原义是骑士或绅士，取决于你是强调其"文"或"武"的方面。胡适把"士"译为"学者"，因为他考虑的是现代学者；日本人往往把它解释为武士，是一种自我牺牲的专职战士的理想；我把"士"翻译成"将成为领袖的人"。胡适抄录的话是："士不可以不弘毅，任重而道远。"《论语》接着还说："仁以为己任，不亦重乎？死而后已，不亦远乎？"

近年来，我们听到很多人把有社会良知、有积极的公共责任感的学者称为"公共知识分子"。在我看来，学术研究应该为公众服务，教学也是如此，但我们认识到，在几乎所有的努力中，这种责任都与领导力和服务有关。胡适本人就是这种兼具学识和领导才能的典范。我所提到的许多其他学者也都是如此，在艰难时期，他们克服重重困难，始终坚持着他们的工作。今天，无论你把他们划分为左翼还是右翼阵营，他们每个人都追求着心目中的人类理想，并愿意为此承受苦难和流亡。我想，这就是中国和儒家思想对全球教育的贡献，或是对哥伦比亚大学所强调的人文学习的贡献。

在结束回忆那些我所认识的杰出的哥伦比亚华人之前，请允许我缅怀一下我的好友和同学王念祖（N. T. Wang），他最近离开了我们，对此我非常地痛心疾首。他是一位在联合国为中国服务多年的著名经济学家。他和我不仅是哥伦比亚大学1941届的同学，在大一的时候我们还同住在约翰·杰伊楼（John Jay Hall）。我仍然记得他是一个身材修长、友好和善的年轻人，举止文雅，这也是我越来越欣赏他的一个原因，这种气质是一个受过良好教育的中国人所必备的。

从那时起，我们就成了好朋友，但还不到亲密的程度。同年，我决定学习中文，因此我们上的课也就不同了。王念祖来哥伦比亚大学并非为了学习中文。我们毕业后，二战爆发，他也不可能像我和我的朋友唐纳德·基恩那样成为日语军官。

不过我一直关注着他在经济学研究方面的进展和杰出成就。他对1941届同学有着深厚的情谊，在每年的同学聚会上，我们总是相谈甚欢，分享着彼此的经验。

在这里，我想起了一个让我特别难忘的情景。20世纪80年代，我应新加坡国立大学东亚哲学研究所的邀请，举办了一系列关于儒学的公开讲座。在系列讲座结束时，我受邀前往市中心的一个宴会厅。当我走进大厅时，我看到中庭前面挂着一条巨大的横幅，上面用醒目的汉字写着："热烈欢迎尊敬的访问学者王念祖。"也许没有人想到，这条还没来得及撤下的横幅，居然在第二天晚上被下一场活动的嘉宾看到，而这位来宾恰巧就是王念祖的老朋友。

在结束这篇回忆录之前，我不由得回想起另一段插曲，虽与本文所讨论的问题无关，但与"哥伦比亚与中国"这一主题相关。这段插曲发生在二战结束时我与顾维钧（1908年获学士学位，1912年获博士学位）的初次相识之时。1946年，我在太平洋战区和日本占领区服役三年后，被调派到华盛顿

(当时我已晋升为少校），担任海军情报办公室远东部门的主管。我的工作之一是作为远东委员会会议的正式观察员，代表盟国制定日本占领区的总体政策，并为盟国最高司令官麦克阿瑟将军制定指导方针。麦克阿瑟这位盟国最高司令官的出色表现吸引了媒体和历史学家的大部分注意力，但考虑到所谓的盟国之间不同的意识形态和利益，在制定占领政策的委员会中，即使没有直接的冲突，也很可能会发生相当大的政治损害。然而，在我担任观察员期间，委员会主席顾维钧（当时的中国驻美大使），在促成盟国间达成政策共识方面，展现了高超的外交技巧。他对事物的灵活处理给我留下了深刻的印象。尽管学无止境，但以我之见闻，他真是一位了不起的人物，只不过他功成弗居，世人对他的事迹不大了解。

图书在版编目(CIP)数据

儒家传统与全球教育/(美)狄培理,张灿辉,关子尹著;张丽娟译.--北京:社会科学文献出版社,2022.8
书名原文:Confucian Tradition and Global Education
ISBN 978-7-5228-0014-1

Ⅰ.①儒… Ⅱ.①狄… ②张… ③关… ④张… Ⅲ.①儒家-关系-教育-世界-文集 Ⅳ.①B222.05-53 ②G51-53

中国版本图书馆CIP数据核字(2022)第071578号

儒家传统与全球教育

著　　者	/	[美]狄培理(William Theodore de Bary) 张灿辉　关子尹
译　　者	/	张丽娟
出 版 人	/	王利民
责任编辑	/	黄金平　张建中
责任印制	/	王京美
出　　版	/	社会科学文献出版社·政法传媒分社 (010) 59367156 地址:北京市北三环中路甲29号院华龙大厦　邮编:100029 网址:www.ssap.com.cn
发　　行	/	社会科学文献出版社 (010) 59367028
印　　装	/	三河市龙林印务有限公司
规　　格	/	开　本:889mm×1194mm　1/32 印　张:5.875　字　数:86千字
版　　次	/	2022年8月第1版　2022年8月第1次印刷
书　　号	/	ISBN 978-7-5228-0014-1
著作权合同登记号	/	图字01-2021-6067号
定　　价	/	68.00元

读者服务电话:4008918866

版权所有 翻印必究